Die gemeindliche Kriegshilfe im großstädtischen Bodenkredit.

Von

Dr. rer. pol. **Walter Leiske.**

Berlin 1915.
J. Guttentag, Verlagsbuchhandlung,
G. m. b. H.

Vorwort.

Gleich vielen anderen Sondergebieten unseres Wirtschaftslebens hat auch der großstädtische Bodenkredit eine Reihe von „Kriegsorganisationen“ — zumeist unter starker Mitarbeit der Stadtverwaltungen — gezeitigt. Eine längere Kriegsdauer muß die Zahl dieser Kriegsorganisationen vermehren. Neugründungen werden aber gern auf bewährten Vorbildern aufbauen. Ihnen möchte diese kleine Schrift ein Hilfsmittel sein. Sie will über das, was ist, Tatsachen bringen und darüber hinaus dem Bodenkreditpraktiker ein Urteil bilden helfen über das, was er im Einzelfalle schaffen kann und soll.

Die Tatsachen der gemeindlichen Kriegshilfe im großstädtischen Bodenkredit verdanke ich der freundlichen Unterstützung der Träger dieser Kriegshilfe; ihnen möchte ich auch an dieser Stelle für die stets bereite Förderung dieser kleinen Arbeit verbindlichsten Dank sagen.

Berlin, im Juni 1915.

Der Verfasser.

Inhalt.

		Seite
A.	Einführung	5
B.	Die Tatsachen der gemeindlichen Kriegshilfe im großstädtischen Bodenkredit	6
	I. Die Vermittlung im Hypothekenverkehr	6
	(der Gemeinnützige Verein für Hypothekenwesen E. V. zu Düsseldorf)	7
	II. Die Einigung im Hypothekenverkehr	12
	(die Hypotheken-Einigungsämter zu Berlin und Charlottenburg)	19
	III. Die Beleihung von Hypothekenwerten	21
	(die Berliner Kriegs-Beleihungskasse für nachstellige Hypotheken, Aktiengesellschaft)	23
	(die Hamburgische Beleihungskasse für Hypotheken)	31
	(die Lübeckische Beleihungskasse für Hypotheken)	32
	IV. Die Bewilligung von Hilfskapitalien für den Hypothekenzinsendienst	35
	(die Dresdner Mietdarlehnskasse, Aktiengesellschaft)	36
	(die Treuhandgesellschaft für Grundstücksverwaltungen m. b. H. zu Chemnitz)	47
C.	Rückblick und Ausblick	50

A. Einführung.

Der Bodenkredit in den deutschen Städten und Großstädten läßt sich rein äußerlich in zwei große Interessengruppen scheiden: auf der einen Seite steht die organisierte Darlehensgewährung mit den Hypothekenbanken, Sparkassen und Versicherungsunternehmungen; sie suchen ihr Arbeitsfeld überwiegend im erststelligen Kreditzweig; auf der anderen Seite geht die nichtorganisierte Darlehensgewährung des freien Kapitalverkehrs nebenher; sie widmet sich neben erheblicher Beteiligung im erststelligen Kreditverkehr vor allem dem zweitstelligen Darlehenszweig.

Die Träger des organisierten Kredits standen bei Kriegsausbruch als Schuldner und Gläubiger von rund 25 Milliarden Mark Hypothekenkapital in einer der verantwortlichsten Stellungen des deutschen Wirtschaftslebens. Sie haben in 10 Kriegsmonaten bewiesen, daß sie ihren Aufgaben stark genug gegenüberstehen und fremder Hilfe von außen nicht bedürfen.

Die Träger des nicht organisierten Kredits, der an Umfang seinerseits nicht weit hinter 25 Milliarden Mark zurückbleiben wird, waren bei Kriegsausbruch ungünstiger gestellt. Sie waren nicht ein geschlossener homogener kapitalkräftiger Kreis mit erstklassiger Pfandsicherung, sondern eine unendlich große Masse von Einzelkapitalisten mit zweitklassiger Pfandsicherung, in ungleicher persönlicher Vermögenslage, mit unterschiedsreichen Erwerbszielen. Hier lag das fruchtbarste Feld für eine Kriegshilfe im Bodenkredit.

Wer sollte Träger solcher Kriegsorganisationen sein? Die Stadtverwaltungen waren bereit, die Interessenvertretungen der nächst den Kapitalisten am Gedeihen der neuen Kriegsorganisationen meist interessierten Hausgrundstückseigentümer standen nicht zurück, sodaß sich rein städtische, rein private, und daneben — nach bewährten Vorbildern der letzten Jahre — auch gemischt-wirtschaftliche Gründungen in seltener Mannigfaltigkeit vollzogen.

Eine Systematik dieser Kriegsorganisation wäre nach verschiedenen Richtungen möglich: die besondere Stellung ihrer Urheber, die Finanzierung, die wirtschaftsrechtliche Form, die unterschiedliche Interessenförderung für Hypothekennehmer und -geber, der fakultative oder obligatorische Charakter des Geschäftsbetriebes wären brauchbare Gesichtspunkte für eine besondere Würdigung. Hier sei einer Systematik nach dem Ziel der einzelnen Organisationen gefolgt, und dabei lassen sich scheiden:

die Vermittlung im Hypothekenverkehr,
die Einigung im Hypothekenverkehr,
die Beleihung von Hypothekenwerten und
die Bewilligung von Hilfskapitalien für den Hypothekenzinsendienst.

Vermittlung — Einigung — Beleihung — Bewilligung seien also die Leitgedanken für die folgenden Tatsachenreihen.

B. Die Tatsachen der gemeindlichen Kriegshilfe.

I. Die Vermittlung im Hypothekenverkehr.

1. Jeder Praktiker weiß, daß die Hypothekenvermittlung im engeren Sinne — die Regelung von Angebot und Nachfrage der Hypothekenkapitalien — und die Vermittlung im weiteren Sinne — der Ausgleich der Interessengegensätze zwischen Gläubiger und Schuldner überhaupt — außerordentlich hohe Beachtung im Bodenkreditverkehr beanspruchen dürfen. Und der großstädtische Praktiker weiß, daß sich hier

zuweilen Organisationslücken auftun, daß bei der Vermittlung im engeren Sinne wuchermäßige Auswüchse, unlautere Ausnutzung von gegenseitigen Notlagen nicht selten sind, und daß im weiteren Vermittlungsverkehr nur allzu oft die finanziell unbeteiligten und trotzdem interessierten treuhänderischen Ausgleichsstellen recht vermißt werden. In dieser Richtung tauchten städtische Projekte auf, *München* plante eine städtische Amtsvermittlungsstelle für zweite Hypotheken, *Kattowitz* wollte einen Ausschuß für Vermittlung von Hypothekenkapitalien und Führung von Hypothekenverwaltungsgeschäften einsetzen, aber es scheint, daß für *diese* Art von städtischen Gründungen der Erfolg der Geschäftsführung nicht sicher verbürgt ist. Die Vermittlungstätigkeit mit ihrem vorwiegend privatwirtschaftlichen Charakter, dem mit ihr unlösbar verbundenen Einblick in die Vermögensverhältnisse der Parteien scheint sich nicht gut vereinbaren zu lassen mit entsprechenden Funktionen einer Stadtverwaltung, die ja immer zugleich Träger steuerlicher Funktionen sein muß. Gemischt-wirtschaftliche oder sogar ganz private Organisationen werden vielleicht von vornherein mit günstigerem Boden rechnen dürfen.

2. In dieser Richtung bewegt sich eine Kriegsgründung in *Düsseldorf*,*) der

Gemeinnützige Verein für Hypothekenwesen E. V. zu Düsseldorf.

In Düsseldorf war nach Kriegsausbruch unter Mitwirkung des Vaterländischen Frauenvereins, des Roten Kreuz und der Stadtverwaltung eine „Zentralstelle für freiwillige Liebestätigkeit mit vielseitigem Aufgabenkreis" errichtet worden; ihr wurde am 15. September 1914 als Gruppe XXVI der Gemeinnützige Verein für Hypothekenwesen E. V. angeschlossen.

---

*) Düsseldorf 1913: 394 807 Einwohner,
1911: 11 154 ha Stadtgebiet insgesamt,
1 727 ha bebautes Stadtgebiet (einschl. Hofräumen und Hausgärten),
1910: 18 662 bebaute Grundstücke.

Die Ziele des Vereins bestehen in der:

Beratung der einzelnen Interessenten in allen Hypothekenangelegenheiten,

Ausgleichung der Interessengegensätze zwischen Hypothekengläubigern und Hypothekenschuldnern,

Förderung des gesamten Hypothekenverkehrs;

sie umfassen aber nicht:

die Vermittlung von Hypothekenkapitalien als solche,

irgend welche finanzielle Unterstützung an eine der Parteien.

Als spätere Aufgabe des Vereins, dessen Wirken nicht mit Kriegsschluß abgeschlossen sein soll, wird betrachtet die „Wiedergewinnung des Vertrauens weiterer Kreise zum Hypothekenverkehr und Belebung des vom Hypothekenmarkt nicht zu trennenden Bau- und Grundstücksmarktes".

3. Der Vorstand des Vereins wurde gebildet aus:

einem Regierungsrat a. D.,

einem Architekten (Stadtverordneten) und

einem Rechtsanwalt.

In den Beirat des Vereins wurden gewählt:

ein Notar als Vorsitzender,

ein Bankdirektor als stellvertretender Vorsitzender,

ein Oberrentmeister, ein Fabrikbesitzer (Stadtverordneter), ein Regierungsassessor a. D., ein Landgerichtsrat, ein Regierungsrat, ein Brauereidirektor (Stadtverordneter), ein Kaufmann, ein Rechtsanwalt (Stadtverordneter), ein Amtsgerichtsrat, ein Bankier, ein Beigeordneter der Stadt, ein Landesrat und eine Dame als Mitglieder.

4. Die erste Organisation des Vereins wurde weiter ausgebaut durch Gewinnung einer größeren Anzahl von Vertrauensleuten. Durch Bekanntmachung betr. Ermittlung von Vertrauensleuten in der Form eines Artikels in der Düsseldorfer Tagespresse wurden Herren, die zur Übernahme eines Ehrenamtes eines Vertrauensmannes infolge ihrer Erfahrungen in Hypothekensachen geneigt und geeignet waren, um Meldung beim Vorstande gebeten. Der

damit beschrittene Weg hatte Erfolg: es stellten sich dem Verein ehrenamtlich 51 Herren zur Verfügung, die „kraft ihrer geschäftlichen Stellung und ihrer Erfahrungen befähigt sind, die Verhältnisse des Platzes und der in Frage kommenden Elemente richtig und unparteiisch zu beurteilen".

Die erste breitere finanzielle Grundlage wurde dadurch erreicht, daß die Stadt Düsseldorf und mehrere Körperschaften mit höheren Beiträgen dem Verein beitraten. Die Geschäftsräume wurden durch das Entgegenkommen eines kaufmännischen Unternehmens unentgeltlich zur Verfügung gestellt. Als Geschäftsführer wurde dem Verein von dem Vorsitzenden des Beirats (Notar) ein Sekretär seines Notariatsbüros zugewiesen.

5. Die Tätigkeit des Vereins regelt sich in denkbar einfachsten Formen. Der antragstellende Hypothekengläubiger oder -Schuldner überreicht dem Verein durch Beantwortung eines Fragebogens eine Darlegung des betreffenden Falles. Der Fragebogen wird vom Vorstand einem für den Fall besonders geeigneten Vertrauensmann — die Vertrauensmänner sind in den verschiedensten Bezirken der Stadt ansässig — zur Nachprüfung der gemachten Angaben, Besichtigung des Hypothekenobjektes übergeben. Der Vertrauensmann übernimmt ausnahmsweise die Verhandlungen mit beiden Parteien selbst; in der Regel überreicht er sein ausführliches Gutachten dem Verein, der darauf seine Vermittlung beginnt.

6. Die Erfolge des Vereins sind hoch anzuschlagen, denn er kann für die kurze Zeit von der Gründung (September 1914) bis Ende November 1914 berichten, daß er ein Kapital von 4 200 000 ℳ verteidigt hat, und zwar fast ausschließlich mit gutem Erfolg.

7. Satzung des Gemeinnützigen Vereins für Hypothekenwesen E. V. zu Düsseldorf:

§ 1. Der Verein führt den Namen „Gemeinnütziger Verein für Hypothekenwesen", nach erfolgter Eintragung in das Vereinsregister mit dem Zusatze „eingetragener Verein".

§ 2. Zweck des Vereins ist:

1. Beratung der einzelnen Interessenten in allen Hypothekenangelegenheiten,

2. Ausgleichung der Interessengegensätze zwischen Hypotheken-gläubigern und Hypothekenschuldnern,
3. Förderung des gesamten Hypothekenverkehrs.

Zum Arbeitsfelde des Vereins gehört alles, was mit der Erreichung seines Zwecks unmittelbar oder mittelbar in Zusammenhang steht.

Ein wirtschaftlicher Geschäftsbetrieb ist ebenso wie die Verfolgung politischer Zwecke von der Tätigkeit des Vereins ausgeschlossen.

§ 3. Der Sitz des Vereins ist Düsseldorf.

§ 4. Der Verein soll in das Vereinsregister eingetragen werden.

§ 5. Mitglieder können sein:

1. Natürliche Personen,
2. juristische Personen und andere Körperschaften.

Über die Aufnahme in den Verein entscheidet der Vorstand, soweit sie nicht in den Fällen der Bildung einer Ortsgruppe dieser übertragen wird (§ 14).

Der Austritt ist nur zum Ablaufe des Geschäftsjahres zulässig und muß mindestens ein halbes Jahr vorher erklärt sein.

Der Mitgliedschaft geht verlustig, wer mit Zahlung des Beitrages länger als ein halbes Jahr im Rückstande ist.

§ 6. Natürliche Personen haben zu entrichten:

1. ein einmaliges Eintrittsgeld von 10 ℳ und
2. einen laufenden Jahresbeitrag von 5 ℳ.

Eintrittsgeld und Jahresbeitrag für juristische Personen und andere Körperschaften unterliegen besonderer Vereinbarung.

Das Eintrittsgeld ist gleich nach der Aufnahme in den Verein zu zahlen. Der Jahresbeitrag ist für jedes Geschäftsjahr im voraus zu zahlen, und zwar für ein begonnenes Geschäftsjahr in voller Höhe.

§ 7. Das Geschäftsjahr läuft vom 1. Juli jeden Jahres bis zum 30. Juni des folgenden Jahres. Das erste Geschäftsjahr beginnt sofort und endigt mit dem 30. Juni 1915.

§ 8. Die Organe des Vereins sind:

1. der Vorstand,
2. der Beirat,
3. die Mitgliederversammlung.

§ 9. Der Vorstand besteht aus einem oder mehreren von dem Beirat zu wählenden Vereinsmitgliedern. Die Amtsdauer der Vorstandsmitglieder wird vom Beirat bestimmt. Dem Beirat steht auch das Recht zu, Vorstandsmitglieder abzuberufen.

Der Vorstand besorgt alle Angelegenheiten des Vereins, soweit sie nicht anderen Organen vorbehalten sind. Zur Vertretung des Vereins nach außen genügt, auch beim Vorhandensein mehrerer Vorstandsmitglieder, die Kundgebung oder Zeichnung durch ein Vorstandsmitglied.

§ 10. Die Mitglieder des Beirats werden regelmäßig von der Mitgliederversammlung gewählt.

Die Wahl erfolgt auf drei Jahre.

Die Gesamtzahl der Mitglieder muß mindestens fünf betragen.

Für Mitglieder, die während ihrer Amtsdauer ausscheiden, ist eine Neuwahl nur dann erforderlich, wenn die Zahl der Mitglieder unter fünf heruntergeht. Der Beirat wählt einen Vorsitzenden und einen stellvertretenden Vorsitzenden. Er hat das Recht jederzeitiger Kooptation. Die Amtsdauer der kooptierten Mitglieder endigt mit dem Ablaufe der Amtsperiode der gewählten Mitglieder. Der Beirat überwacht die ganze Geschäftsführung des Vorstandes, dem er beratend und beaufsichtigend zur Seite steht. Er ist berechtigt, besondere und allgemeine Weisungen für die Geschäftsführung des Vorstandes zu erlassen. Der Beirat kann bestimmte Obliegenheiten einzelnen seiner Mitglieder oder Ausschüssen, die in der Folge gebildet werden, übertragen.

Der Beirat faßt seine Beschlüsse mit einfacher Mehrheit der abgegebenen Stimmen bei Anwesenheit von mindestens drei Mitgliedern. Bei Stimmengleichheit entscheidet die Stimme des Vorsitzenden.

§ 11. Alljährlich findet eine Versammlung der Mitglieder statt. In ihr wird vom Beirat über die Vereinstätigkeit während des letzten Geschäftsjahres berichtet, die Jahresrechnung vorgelegt und über die Entlastung des Vorstandes und des Beirates sowie über sonstige vom Beirat zur Verhandlung gestellte Gegenstände beschlossen. Ferner werden die erforderlichen Wahlen vorgenommen. Außerdem kann der Beirat nach seinem Ermessen jederzeit eine Mitgliederversammlung berufen. Er ist hierzu verpflichtet, wenn dies von mindestens einem Zehntel der Vereinsmitglieder unter Angabe des Zweckes und der Gründe schriftlich beantragt wird.

Die Einberufung der Mitgliederversammlung muß durch Bekanntmachung in dem nach § 15 maßgebenden Blatte unter Angabe der Tagesordnung mindestens 14 Tage vor dem Versammlungstage erfolgen.

Den Vorsitz in der Mitgliederversammlung führt der Vorsitzende des Beirats bezw. dessen Stellvertreter. Sind beide verhindert, so wählt die Versammlung ein anderes Beiratsmitglied zu ihrem Vorsitzenden.

Zu Beschlüssen über Satzungsänderungen und über Auflösung des Vereins ist eine Mehrheit von drei Vierteln der vertretenen Stimmen erforderlich.

Über die Art der Abstimmung entscheidet der Vorsitzende der Mitgliederversammlung.

Über die Verhandlungen und Beschlüsse der Mitgliederversammlung werden Niederschriften, die von dem Vorsitzenden und dem Protokollführer unterschrieben werden, zu den Vereinsakten gemacht.

In der Mitgliederversammlung hat jedes Mitglied eine Stimme.

§ 12. Das Vermögen des Vereins ist nach den vom Beirat getroffenen Anordnungen in sicherer Weise verzinslich anzulegen.

Das bei Auflösung des Vereins vorhandene Vermögen kann nur zu gemeinnützigen Zwecken verwendet werden, wobei in erster Linie solche Zwecke zu berücksichtigen sind, welche dem des Vereins gleich oder ähnlich sind.

§ 13. Die Dauer des Vereins ist unbegrenzt.

§ 14. Die Mitglieder des Vereins können in den einzelnen Bezirken zu Ortsgruppen zusammentreten. Ihre Bildung sowie die Regelung ihrer Verhältnisse bedarf der Genehmigung des Vorstandes und des Beirates. Die Ordnung der organisatorischen und finanziellen Beziehungen in den einzelnen Ortsgruppen einerseits, sowie zwischen diesen und dem Verein andererseits bleibt in allen Fällen der Bestimmung des Beirats vorbehalten; durch diesen erfolgt auch für den Geschäftskreis jeder einzelnen Ortsgruppe gemäß § 30 des Bürgerlichen Gesetzbuches die Bestellung eines oder mehrerer besonderer Vertreter.

§ 15. Die Bekanntmachungen des Vereins erfolgen durch den Deutschen Reichsanzeiger. Der Vorstand ist berechtigt, außerdem noch andere Zeitungen für die Bekanntmachungen zu bestimmen.

§ 16. Bis zur Eintragung des Vereins und in dem Falle, daß der Verein die Rechtsfähigkeit überhaupt nicht erlangen oder wieder verlieren sollte, gelten folgende Bestimmungen:

1. Der Verein soll als nicht rechtsfähiger Verein bestehen.
2. Durch Kündigung, Tod oder Konkurs eines Mitgliedes wird der Bestand des Vereins nicht berührt. In solchen Fällen besteht der Verein unter den übrigen Mitgliedern fort; der Anteil des ausgeschiedenen Mitgliedes am Vereinsvermögen wächst den übrigen Mitgliedern zu. Der Ausgeschiedene verliert jeden Anspruch an das Vereinsvermögen und hat weder Anspruch auf die aus § 738 des Bürgerlichen Gesetzbuches sich ergebende Abfindung, noch die Pflicht, nach Maßgabe des § 739 des Bürgerlichen Gesetzbuches für einen etwaigen Fehlbetrag aufzukommen.
3. Der Vorstand kann Rechtsgeschäfte namens des Vereins nur in der Art eingehen, daß aus dem Geschäft die einzelnen Mitglieder mit ihrem Anteil am Vereinsvermögen haften. Zu einer weitergehenden Verpflichtung der Mitglieder ist der Vorstand auch Dritten gegenüber nicht berechtigt.

II. Die Einigung im Hypothekenverkehr.

1. Der Erfolg jeder Vermittlung hängt in letzter Linie schließlich ab von der Eignung des Vermittlers und dem guten Willen der Parteien. An geeigneten Persönlichkeiten wird

es der großstädtischen Hypothekenvermittlung im weiteren Sinne kaum mangeln. Anders verhält es sich mit dem guten Willen der Parteien. In dieser Beziehung bedeuten die großstädtischen Verhältnisse gegenüber mittel- und kleinstädtischen meist eine Erschwerung. Die Parteien stehen sich oft unpersönlicher, fremder gegenüber, zuweilen sogar bei gegenseitiger Vertretung durch Bevollmächtigte ganz fremd; die individuelle Personalkredit-Schätzung tritt stark zurück. Die Parteien sind meist sehr ungleich stark in ihrer sonstigen Vermögenskraft. Unter diesen Umständen wird eine einzelparteiliche Abneigung gegen treuhänderische Vermittlung im Einzelfalle verständlich und die häufige Erfolglosigkeit angeknüpfter Verhandlungen erklärlich.

Hier setzte die Arbeit jener Bodenkreditpolitiker ein, die — obwohl sie der behördlichen Vermittlungsorganisation an sich nicht sonderlich geneigt waren — der privaten Vermittlungstätigkeit durch die Beifügung eines leichten obrigkeitlichen Druckes oder wenigstens durch die nahe Aussicht auf einen solchen einen nachhaltigeren Erfolg verschaffen wollten.

2. Die gesetzgeberische Hilfe bot der § 3 des Gesetzes über die Ermächtigung des Bundesrats zu wirtschaftlichen Maßnahmen usw. vom 4. August 1914, in dem der Bundesrat ermächtigt wird, „während der Zeit des Krieges diejenigen gesetzlichen Maßnahmen anzuordnen, welche sich zur Abhilfe wirtschaftlicher Schädigungen als notwendig erweisen" (RGBl. 1914, S. 327 ff.). Auf Grund dieser Vollmacht entsprach der Bundesrat den vielfachen Wünschen nach behördlicher Stärkung der bestehenden gemeinnützigen Veranstaltungen zur Vermittlung zwischen Mietern und Vermietern einerseits, Hypothekenschuldnern und -gläubigern andererseits durch eine Verordnung, betr. die Einigungsämter, vom 15. Dezember 1914 (RGBl. 1914, S. 511 ff.), die hier folgt:

§ 1. Ist im Bezirk einer Gemeindebehörde eine kommunale oder gemeinnützige Anstalt (Einigungsamt) mit der Aufgabe betraut worden, zwischen Mietern und Vermietern oder zwischen Hypothekenschuldnern und Hypothekengläubigern zum Zwecke eines billigen Ausgleichs der Interessen zu vermitteln, so kann die Landeszentralbehörde anordnen, daß die Vorschriften der §§ 2 und 3 Geltung haben sollen.

§ 2. Mieter, Vermieter, Hypothekenschuldner, Hypothekengläubiger sind verpflichtet, auf Erfordern des Einigungsamts vor diesem zu erscheinen. Die Gemeindebehörde kann sie hierzu durch eine einmalige Ordnungsstrafe bis zu einhundert Mark anhalten.

Mieter und Hypothekenschuldner sind verpflichtet, über die für die Vermittlung erheblichen, von dem Einigungsamte bestimmt zu bezeichnenden Tatsachen Auskunft zu erteilen. Die Vorschrift im Abs. 1 Satz 2 findet entsprechende Anwendung.

Gegen die Festsetzung der Ordnungsstrafe (Abs. 1, 2) findet Beschwerde statt. Sie ist binnen zwei Wochen bei der Gemeindeaufsichtsbehörde zu erheben; diese entscheidet endgültig.

§ 3. Die Gemeindebehörde ist befugt, von den im § 2 Abs. 1 bezeichneten Personen eine Versicherung an Eides Statt über die Richtigkeit und Vollständigkeit ihrer Auskunft entgegenzunehmen.

§ 4. Handelt es sich in einem Verfahren, in dem die §§ 1, 2 oder 3 der Bekanntmachung des Bundesrats vom 7. August 1914 (Reichs-Gesetzbl. S. 359) oder die §§ 1 oder 3 der Bekanntmachung des Bundesrats vom 18. August 1914 (Reichs-Gesetzbl. S. 377) Anwendung finden, um die Verpflichtung zur Zahlung des Mietzinses oder des Zinses für ein hypothekarisch sichergestelltes Darlehen oder die besonderen Rechtsfolgen, die wegen der Nichtzahlung oder der nicht rechtzeitigen Zahlung nach Gesetz oder Vertrag eingetreten sind oder eintreten, so hat das Gericht, sofern die Landeszentralbehörde von der ihr nach § 1 zustehenden Befugnis Gebrauch gemacht hat, das Einigungsamt vor der Entscheidung gutachtlich zu hören.

Der Gerichtsschreiber hat die Klage, die Ladung oder den Antrag in Abschrift dem Einigungsamt unverzüglich mitzuteilen. Das Einigungsamt ist verpflichtet, sein Gutachten mit tunlichster Beschleunigung dem Gerichte mitzuteilen.

§ 5. Wer die gemäß § 2 Abs. 2 von ihm erforderte Auskunft wissentlich falsch erteilt, wird mit Geldstrafe bis zu 1000 Mark bestraft.

§ 6. Die Landeszentralbehörden erlassen die Bestimmungen zur Ausführung dieser Verordnung.

§ 7. Die aus Anlaß dieser Verordnung vorzunehmenden gerichtlichen Handlungen und das Verfahren vor dem Einigungsamt einschließlich aller hierfür erforderlichen Urkunden sind stempel- und gebührenfrei.

§ 8. Diese Verordnung tritt mit dem Tage der Verkündung in Kraft.

Was ist durch diese Verordnung erreicht worden? Ihr Hauptkriterium ist vielleicht das Wort „kann" des § 1. Damit ist der rein fakultative Charakter der behördlichen Bevollmächtigung der Einigungsämter entschieden. Den Landeszentralbehörden ist nach freiem Ermessen die jedesmalige Einzelgenehmigung vorbehalten; selbst die peinlichste Beachtung der später ergangenen Ausführungsvorschriften bezüglich der Organisation der Einigungsämter schließt für die Landeszentralbehörden keinen Zwang zur Genehmigung ein; angesichts der lokalen Ungleichheiten und der Möglichkeit eventuell auftauchender Streitfragen persönlicher und sächlicher Art, die auch durch weitgehendste Ausführungsvorschriften niemals ganz auszuschalten sind, scheint der Vorbehalt des § 1 durchaus berechtigt.

Für das nach § 1 anerkannte Einigungsamt treten alsdann weitgehende Vollmachten in Kraft; es ergibt sich im einzelnen:

1. negativ keine Verpflichtung für das Amt, einem Antrag auf Einleitung von Einigungsverhandlungen Folge zu leisten;
2. positiv das Recht für das Amt, das Erscheinen der Parteien zu fordern (Androhung von Ordnungsstrafe bis 100 M);

   das Recht für das Amt, die Auskunftserteilung der Parteien zu fordern (Androhung von Ordnungsstrafe bis 100 M bei Weigerung, von Geldstrafe bis 1000 M bei wissentlich falscher Auskunft);

   das Recht für die Gemeindebehörde*), von den Parteien Versicherung an Eides Statt über die Richtigkeit und Vollständigkeit ihrer Auskunft entgegenzunehmen (Androhung von Geldstrafe bis 1000 M bei wissentlich falscher Auskunft);

   die Verpflichtung für das Amt, von Amts wegen ständig gutachtlich mitzuarbeiten in besonderen bürgerlichen Rechtsstreitigkeiten betr. die Zahlung des Mietzinses oder des Zinses für ein hypothekarisch sichergestelltes Darlehen.

*) Die in den §§ 2 und 3 der Verordnung vom 15. Dezember 1914 enthaltene Differenzierung zwischen „Amt" und „Gemeindebehörde" wurde durch die preußische Ausführungsverordnung vom 17. Dezember 1914 (vgl. unter 3 S. 16) dahin erklärt, daß der Vorsitzende des Amts bezw. sein bestellter Vertreter diese „Gemeindebehörde" bilden soll.

Diese Rechtsfundierung wird den behördlich bevollmächtigten Einigungsämtern eine vollauf genügende Rückenstärkung sichern und sie auch im Verkehr mit nicht gutwilligen Parteien dem Erfolg näher bringen.

3. Als preußische Landeszentralbehörde im Sinne des § 6 der unter 2 mitgeteilten Verordnung des Bundesrats haben der preußische Justizminister und die Minister des Innern, für Landwirtschaft und für Handel eine Ausführungsverordnung vom 17. Dezember 1914 (Ministerialbl. f. d. i. V. 1914, S. 295 ff.) erlassen. Diese Ausführungsverordnung hat in den §§ 1, 5 und 7 Abänderungen erfahren, die durch Verfügung vom 29. März 1915 betr. Einigungsämter (Ministerialbl. f. d. i. V. 1915, S. 58 ff.) bekannt gemacht wurden. Der dadurch ergänzte Text der Verordnung vom 17. Dezember 1914 sei hier — also in der jetzt geltenden Fassung — wiedergegeben:

§ 1. Der Minister des Innern trifft die Anordnung nach § 1 der Bekanntmachung.*) Die Anordnung ist nicht auf kommunale Anstalten beschränkt. Unter den gemeinnützigen Anstalten, für welche die Anordnung erlassen werden kann, eignen sich die gemeinnützigen unparteiischen Rechtsauskunftsstellen, wie sie an vielen Orten bereits bestehen, besonders dazu, als Einigungsämter zu wirken oder zu Einigungsämtern ausgebaut zu werden. Der Antrag auf Erlaß der Anordnung ist von den Vorständen (Vorstehern) der Ortsgemeinden, in deren Bezirk Einigungsämter bestehen oder errichtet werden, zu stellen.

Der Antrag muß enthalten:

1. eine Darlegung über die Verfassung des Einigungsamts sowie über etwaige Verfahrensvorschriften,
2. die Bezeichnung des Vorsitzenden oder seines Vertreters (§ 2 dieser Verordnung),
3. die Mitteilung von den für die finanzielle Förderung der Einigungstätigkeit in Aussicht genommenen Maßnahmen.

§ 2. Den Vorsitz bei den Verhandlungen des Einigungsamts hat ein für das Richteramt oder den höheren Verwaltungsdienst befähigtes Mitglied zu führen, das vom Gemeindevorstand (Gemeindevorsteher) ernannt oder bestätigt wird.

Dieses Mitglied oder sein in gleicher Weise vorgebildeter und bestellter Vertreter bildet die Gemeindebehörde im Sinne der §§ 2 und 3 der Bekanntmachung.

§ 3. Die Pflicht zum Erscheinen (§ 2 der Bekanntmachung) *) ist in der Regel eine persönliche.

*) Vom 15. Dezember 1914 (unter 2 S. 13).

Aus Gesetzen oder Generalvollmachten sich ergebende Vertretungsbefugnisse sind anzuerkennen.

§ 4. Von der Verhängung einer Ordnungsstrafe (§ 2 Abs. 1 und 2 der Bekanntmachung) *) ist, wenn die Zuwiderhandlung durch die persönlichen oder wirtschaftlichen Verhältnisse des Verpflichteten entschuldigt wird, sowie in der Regel dann abzusehen, wenn sie erstmalig erfolgt.

Die Höhe der Ordnungsstrafe ist nach der wirtschaftlichen Lage des Betroffenen unter den Gesichtspunkten der Wirksamkeit und des Grades des Verschuldens abzumessen.

Vor der Verhängung der Ordnungsstrafe ist diese unter Bestimmung eines neuen Termins anzudrohen.

§ 5. Das Nichterscheinen der Beteiligten (§ 2 Abs. 1 der Bekanntmachung) *) ist in der Regel als entschuldigt anzusehen, wenn sie einen zur Auskunfterteilung schriftlich bevollmächtigten Vertreter entsenden, der mit ihren für die Vermittlung erheblichen Verhältnissen vertraut ist.

Auswärtige Vermieter können sich durch ihre Hausverwalter vertreten lassen.

Auswärtige Hypothekengläubiger können nur dann in eine Ordnungsstrafe genommen werden, wenn sie vor dem von der Gemeindebehörde (§ 2 dieser Verordnung) ersuchten Gemeindevorstande (Gemeindevorsteher) ihres Wohnorts oder Aufenthaltsorts unentschuldigt nicht erscheinen und auch einen Vertreter (Abs. 1) nicht entsenden.

Als auswärtig im Sinne des Abs. 2 und Abs. 3 gelten nicht diejenigen Beteiligten, deren Wohn- oder Aufenthaltsort in unmittelbarer Nähe des Sitzes des Einigungsamtes belegen ist. Der Minister bezeichnet die Orte, auf welche diese Voraussetzung zutrifft.

Schweben vor einem Einigungsamt mehrere Sachen, an denen ein und derselbe Vermieter oder ein und derselbe Hypothekengläubiger beteiligt ist, so sind diese Sachen möglichst derart miteinander zu vereinigen, daß nur ein einmaliges Erscheinen dieser Beteiligten erforderlich wird.

§ 6. Das Verfahren vor dem Einigungsamt ist nicht öffentlich. Die Mitglieder des Einigungsamtes haben die Verhandlungen sowie die hierbei zu ihrer Kenntnis gelangenden Verhältnisse geheim zu halten. Der Vorsitzende hat sie hierauf hinzuweisen.

§ 7. Das Einigungsamt hat, sobald die Mitteilung gemäß § 4 Abs. 2 der Bekanntmachung *) erfolgt ist, mit tunlichster Beschleunigung ein schriftliches Gutachten dem Gericht zu übermitteln. Mit besonderer Eile sind die an das Vollstreckungsgericht gerichteten Anträge zu behandeln.

Sind zur Zeit der Mitteilung des Gerichts dem Einigungsamt die Verhältnisse bereits bekannt, so ist das Gutachten sofort abzusenden.

*) Vom 15. Dezember 1914 (unter 2 S. 13).

Andernfalls hat das Einigungsamt das, was zur Erstattung des Gutachtens erforderlich ist, zu veranlassen. Es kann insbesondere von Amts wegen die Beteiligten laden.

Das Gutachten ist von dem Vorsitzenden oder dessen Vertreter zu unterschreiben.

Auf Verlangen des Gerichts hat das Einigungsamt das Gutachten näher zu erläutern. Das Einigungsamt kann dies schriftlich oder durch eines seiner Mitglieder mündlich tun.

§ 8. Die Vorstände (Vorsteher) von Gemeinden, in deren Bezirk Einigungsämter bestehen, haben, soweit die in den §§ 2 und 3 der Bekanntmachung *) bezeichneten Befugnisse in Geltung gesetzt sind, dies und die Bezirke der Einigungsämter den beteiligten Gerichten mitzuteilen.

4. Und im Anschluß an diese gemeinsame Ministerial-Ausführungsverordnung erließ der preußische Minister des Innern noch eine weitere Verfügung vom 18. Dezember 1914 betr. Einigungsämter (Ministerialbl. f. d. i. V. 1914, 297), die hier ebenfalls wiedergegeben wird:

Im Anschluß an den gemeinschaftlichen Erlaß der beteiligten Herren Minister vom 17. Dezember d. Js., durch den die Aufsührungsverordnung zu der Bekanntmachung des Bundesrats, betreffend Einigungsämter vom 15. Dezember 1914 (Reichs-Gesetzbl. S. 511) übersandt worden ist, weise ich noch auf folgende Punkte besonders hin:

Der Antrag auf Erlaß der Anordnung gemäß § 1 der Bekanntmachung ist seitens der Gemeindebehörde durch die Hand der Kommunalaufsichtsbehörde bei mir zu stellen. Die wesentlichen Punkte, welche dabei zu erörtern sind, ergeben sich aus der Ausführungsverordnung. Vielleicht kann es sich empfehlen, sie der Übersichtlichkeit halber in einem einheitlichen Schema zusammenzufassen. Auf die Anordnung eines solchen von hier aus wird verzichtet. Besonderer Wert ist darauf zu legen, daß die von der Gemeinde in das Einigungsamt als Vorsitzender zu entsendende Persönlichkeit für dieses Amt geeignet ist. Denn der Vorsitzende leitet nicht nur die Verhandlungen, sondern ihm sind auch nach § 2 Abs. 2 der Ausführungsverordnung die sich aus der Bekanntmachung ergebenden obrigkeitlichen Befugnisse übertragen. Das gleiche gilt von seinem Stellvertreter. Vorsitzender oder Stellvertreter sind insbesondere auch dafür verantwortlich, daß die Befugnisse des Einigungsamts sachgemäß ausgeübt werden, daß namentlich die Auskunftspflicht der Mieter und Hypothekenschuldner nicht über den Rahmen hinaus erstreckt werde, der durch die Bekanntmachung gezogen ist: jedes lästige Eindringen in die persönlichen Ver-

*) Vom 15. Dezember 1914 (unter 2 S. 13).

hältnisse ist zu vermeiden; die bestimmt zu formulierenden Tatsachen, über die die Auskunft erfordert wird, müssen für die Ermittlung erheblich sein. Ob das Einigungsamt mit den Befugnissen, welche sich aus der Bekanntmachung ergeben, ausgestattet werden kann, wird daher nicht zuletzt davon abhängen, daß ein geeigneter Vorsitzender und ein geeigneter Stellvertreter für ihn bestellt werden. Das Verfahren des Einigungsamts wird einer gewissen Regelung bedürfen, um die ordnungsmäßige Ausübung der Befugnisse und insbesondere auch die in dem Verkehr mit den Gerichten unbedingt erforderliche Schleunigkeit zu gewährleisten. Ich weise endlich darauf hin, daß die Vorschriften der Bekanntmachung besondere Bedeutung für die Einigungsämter in denjenigen Gemeinden besitzen, welche Mietsunterstützungen gewähren. Über die Grundsätze, die hierbei beobachtet werden sollen, wünsche ich, bevor ich auf den Antrag Entscheidung treffe, unterrichtet zu werden. Wo Mietsunterstützungen von den Gemeinden nicht gewährt werden, wird seitens der Provinzialbehörden besonders sorgfältig zu prüfen sein, ob ungeachtet der mangelnden finanziellen Grundlage eine segensreiche Tätigkeit der Einigungsämter erwartet werden kann, und ob es zur Förderung dieser Tätigkeit geboten erscheint, die beantragte Anordnung zu erlassen.

Bei Begutachtung der von den Gemeinden eingehenden Anträge bitte ich daher, ohne im übrigen der Berichterstattung Grenzen zu ziehen, die vorerwähnten Punkte besonders zu berücksichtigen.

Die §§ 3 bis 5 der Ausführungsverordnung geben den Anhalt für die Handhabung des Ordnungsstrafrechts. Bei der Entscheidung über Beschwerden gegen die Festsetzung von Ordnungsstrafen sind die darin enthaltenen Grundsätze von den Gemeindeaufsichtsbehörden zu beachten.

Die Ausführungsverordnung geht davon aus, daß Einigungsämter für den Bezirk von Ortsgemeinden errichtet werden. Dies wird den Regelfall bilden. Ich bemerke jedoch ausdrücklich, daß einem weiteren Kommunalverbande oder einem Zweckverbande damit nicht die Möglichkeit genommen werden soll, ein Einigungsamt zu errichten und die Vorteile der Bundesratsbekanntmachung dafür zu erbitten.

5. Dieser Rechtslage stand die Berliner*) Stadtverordnetenversammlung gegenüber, als sie am 7. Januar 1915 einen Antrag aus ihrer Mitte, betreffend die Erweiterung des

*) Berlin 1913: 2 095 030 Einwohner,
1911: 6 352 ha Stadtgebiet insgesamt,
2 965 ha bebautes Stadtgebiet (einschl. Hofräumen und Hausgärten),
1910: 28 373 bebaute Grundstücke.

Mieteinigungsamtes *) zum Hypothekeneinigungsamt einem vom Vorstand der Versammlung zu ernennenden Ausschuß von 15 Stadtverordneten zur Vorberatung überwies. Am 25. März 1915 stimmte die Versammlung der Errichtung eines Hypothekeneinigungsamtes — unter Übernahme der Kosten auf die allgemeinen Verwaltungskosten — zu, und durch Bekanntmachung vom 29. März 1915 teilte der Magistrat mit, daß für die Dauer des gegenwärtigen Krieges zur Schlichtung von Streitigkeiten zwischen Hypothekengläubigern und Grundstückseigentümern wegen Zahlung von Zinsen und Kapital am 1. April 1915 ein Hypothekeneinigungsamt eingerichtet wird, dessen Zuständigkeit sich auf alle im Gemeindebezirk Berlin belegenen Grundstücke erstreckt.

Dieses Hypothekeneinigungsamt war zunächst eine an sich private Organisation, dessen Einigungstätigkeit von dem guten Willen der Parteien völlig abhängig war. Aber schon durch Bekanntmachung vom 24. April 1915 konnte der Magistrat mitteilen, daß auf Grund des § 1 der Bekanntmachung des Bundesrats, betr. die Einigungsämter vom 15. Dezember 1914 und der Ausführungsverordnung vom 17. Dezember 1914, der Minister des Innern angeordnet hat, daß die Vorschriften der §§ 2 und 3 der Bekanntmachung für das aus 3 Abteilungen bestehende Hypothekeneinigungsamt der Stadt Berlin Geltung haben sollen. Zu Vorsitzenden bezw. Stellvertretern für das in 3 Abteilungen zerfallende Amt, deren jede für einen örtlich begrenzten Teil des Weichbildes zuständig sein soll, sind vom Magistrat unter Bestätigung des Ministers 6 Berliner Rechtsanwälte und Notare bestellt worden, von denen einer der Berliner Stadtverordnetenversammlung angehört. Und der Minister des Innern hat alsdann den besonderen Berliner Verhältnissen Rechnung getragen, indem er — gemäß § 5 Abs. 4 der Ausführungsverordnung in der Fassung vom

*) Durch Bekanntmachung des Magistrats vom 3. November 1915 waren bereits für die Dauer des gegenwärtigen Krieges in dem Stadtbezirk Berlin 10 Mieteinigungsämter, je eins für jeden Bezirk einer Wohnungsinspektion, gebildet worden zur Einigungstätigkeit in denjenigen Fällen, in denen die Miete den Betrag von 500 M jährlich nicht übersteigt.

29. März 1915 — anordnete, daß als „auswärtig" im Sinne des § 5 Abs. 2 und Abs. 3 a. a. O. nicht die in bestimmten unmittelbaren Nachbarstädten und Vororten Berlins ansässigen oder sich aufhaltenden Beteiligten zu gelten haben.

6. Berlin hatte damit das erste behördlich bevollmächtigte Hypothekeneinigungsamt gegründet. Schon kurze Zeit später ist ihm die Nachbargemeinde Charlottenburg*) auf diesem Wege gefolgt. In der dortigen Stadtverordnetenversammlung vom 28. April 1915 wurde eine Vorlage des Magistrats, die ein zu errichtendes Hypothekeneinigungsamt dem bestehenden Mieteinigungsamt angliedern wollte, einem besonderen Ausschuß überwiesen. Das Ergebnis war ein erweitertes Amt, das Miet- und Hypotheken-Einigungsamt, das Anfang Mai seine Tätigkeit aufnehmen konnte. Entsprechend den Wünschen des Ausschusses suchte der Magistrat für das Charlottenburger Miet- und Hypotheken-Einigungsamt alsbald die Zwangsbefugnisse aus §§ 2 und 3 der Bundesratsverordnung vom 15. Dezember 1914 nach. Der Minister des Innern entsprach diesem Gesuch Anfang Juni 1915, sodaß schon die Stadtverordnetenversammlung vom 2. Juni 1915 den sofortigen Beginn der behördlichen Einigungstätigkeit beschließen konnte.

III. Die Beleihung von Hypothekenwerten.

1. In dem Jahrzehnt vor dem Kriegsausbruch wurden die wachsenden Schwierigkeiten des Hypothekarkredits in letzter Linie zurückgeführt auf die steigende Unbeliebtheit der hypothekarischen Kapitalanlage überhaupt. Man neigte mehr zu Anlagen in anonymen und in mobilen Werten. Insbesondere jene zuweilen sehr lästig werdende Schwerfälligkeit der hypothekarisch festgelegten Kapitalwerte ließ die preußische Aufsichtsbehörde bei Kriegsausbruch den Hypothekenbanken die Anregung geben, den Inhabern fremder

*) Charlottenburg 1910: 305 978 Einwohner,
1911: 2 343 ha Stadtgebiet insgesamt,
731 ha bebautes Stadtgebiet (einschl. Hofräumen und Hausgärten),
1910: 4 627 bebaute Grundstücke.

erststelliger Hypotheken gegen Verpfändung dieser Hypothekenwerte eigene Pfandbriefe zu überlassen, die sie bei den Darlehnskassen zu provisionsfreien Gelddarlehen verwerten konnten. Die preußischen Banken erklärten sich bereit und die außerpreußischen folgten ihrem Beispiel, aber die Bilanzen für den 31. Dezember 1914 bewiesen, daß dieses „Kriegsdarlehnsgeschäft" der Hypothekenbanken tatsächlich Lücken ausfüllen wollte, die praktisch nicht bestanden, denn am Jahresende 1914 wiesen nach:

die Bayerische Hypotheken- und Wechselbank (rund 1200 Mill. ℳ Hypothekenbestand): kein Beleihungsdarlehen,

die Preußische Zentral-Bodenkredit-Aktiengesellschaft in Berlin (rund 1000 Mill. ℳ Hypothekenbestand: 11 Hypotheken-Kriegsdarlehen mit 325 100 ℳ,

die Deutsche Hypothekenbank in Meiningen (rund 600 Mill. ℳ Hypothekenbestand): 7 Kriegsdarlehen mit 85 600 ℳ.

2. Zu ähnlicher Untätigkeit im Hypothekarkredit waren von vornherein auch die „Kriegsdarlehnskassen" einzelner Städte verurteilt, die — entsprechend einem Runderlasse des Ministers des Innern vom 16. August 1914 — ortsansässigen Bürgern u. a. auch kurzfristige Darlehen auf Schuldschein oder Wechsel gegen Verpfändung I. Hypotheken in mündelsicheren Grenzen gewähren wollten, dabei aber für hypothekarische Verpfändungen als Relativ-Höchstdarlehnsgrenze 10 % der mündelsicheren (also innerhalb 50 % des Grundstückswertes bleibenden) Hypothekenpost und als Absolut-Höchstdarlehnsgrenze allgemein 3000 ℳ, zuweilen sogar nur 2000 ℳ festsetzten. Unter diesen Umständen schieden die zahlreichen Gründungen in Charlottenburg, Neukölln, Berlin-Schöneberg, Berlin-Wilmersdorf, Berlin-Lichtenberg, Magdeburg, Görlitz, Hildesheim, Eisenach für eine großstädtische Hypothekenlombardierung im größeren Maßstabe aus.*)

*) Im einzelnen wiesen u. a. nach:
Neukölln bis 30. IV. 15: 3 Hypothekenverpfändungen,
Berlin-Schöneberg bis 8. V. 15: keine Hypothekenbeleihung,

3. Die bleibenden Lücken im zweitstelligen Kredit-zweig sollten in Berlin ausgefüllt werden durch die

Berliner Kriegs-Beleihungskasse für nachstellige Hypotheken, Aktiengesellschaft.

Die Gründung wurde am 16. September 1914 vollzogen und erlangte am 5. Oktober 1914 die handelsgerichtliche Eintragung.

Gründer waren die Stadtgemeinde Berlin mit 600 000 ℳ voll eingezahltem Aktienkapital und eine Reihe von Großberliner Grundbesitz-Interessenvertretungen mit 400 000 ℳ voll eingezahltem Aktienkapital; und die Reichsbank erklärte sich bereit, der Gesellschaft Betriebsmittel in Höhe von 10 Millionen Mark auf dem Wege des Wechselkredits zuzuführen, unter der Voraussetzung einer Ausfallgarantie der Stadtgemeinde in Höhe von 5 Millionen Mark.

Der Zweck der Gesellschaft ist die Kreditgewährung gegen Verpfändung von nachstelligen Hypotheken oder Grundschulden, und zwar in Fällen „in denen ein durch den Krieg herbeigeführtes Kreditbedürfnis vorliegt“.

4. Der Aufsichtsrat wird gebildet von 7 Vertretern der Stadt Berlin, darunter

ein unbesoldeter Stadtrat als Vorsitzender,
ein besoldeter Stadtrat als stellvertretender Vorsitzender,
ein unbesoldeter Stadtrat und
vier Stadtverordnete,
aus vier Vertretern der Grundbesitzer-Organisationen.

Der Vorstand wird gebildet aus zwei für die Gesellschaft ehrenamtlich tätigen Magistratsräten der Stadt Berlin und einem von der Gesellschaft besoldeten Bankfachmann.

Berlin-Lichtenberg bis 27. V. 15: 8 Darlehen über zusammen 18 100 ℳ gegen Hypothekenverpfändung,

Görlitz bis 4. V. 15: 4 000 ℳ Darlehen gegen Hypothekenverpfändungen, davon 3 000 ℳ bereits zurückgezahlt,

Eisenach bis 3. V. 15: 6 Darlehen über zusammen 38 900 ℳ gegen Hypothekenverpfändung.

Der Vorstand wird unterstützt durch einen Kreditausschuß für den Norden mit einem unbesoldeten Stadtrat als Vorsitzenden und 11 Mitgliedern (darunter ein unbesoldeter Stadtrat, zwei Stadtverordnete) und durch einen Kreditausschuß für den Süden mit einem Stadtverordneten als Vorsitzenden und neun Mitgliedern (darunter ein besoldeter Stadtrat, drei Stadtverordnete).

5. Der Geschäftskreis umfaßt Hypotheken auf Berliner Hausgrundstücke, die überwiegend zu Wohnzwecken benutzt werden, soweit sie innerhalb 75 % des vom Magistrat festzusetzenden Beleihungswertes des Hausgrundstücks liegen. Der Einzelkredit darf in der Regel gehen bis 5000 ℳ und 5 % der Hypothek, mit Genehmigung des Aufsichtsrats über 5000 ℳ bis 10 % der Hypothek. Gegenleistungen des Kreditnehmers sind: Übergabe der Abtretungsurkunde für den rangbesten Teil der Hypothekenpost in Höhe des erhaltenen Darlehens, Übergabe des Hypothekenbriefes über die Gesamtpost in ein treuhänderisches Depot, Wechselakzept in Höhe des erhaltenen Darlehens bei 3 monatiger Laufzeit und Aussicht auf Prolongation, Zinsleistung für das erhaltene Darlehen in Höhe von ½ % über Reichsbankdiskont.

6. Die Erfahrungen der Gesellschaft sind in mehrfacher Beziehung interessant. Von 397 Gesuchen in den ersten drei Monaten des Geschäftsbetriebes führten nur 35 zu förmlichen Anträgen, der Rest schied aus, weil er u. a. zum Gegenstand hatte: Beleihung von Hypotheken über 10 % hinaus, Beleihung von Hypotheken außerhalb der 75 %-Beleihungsgrenze, Beleihung von auswärtigen Hypotheken, Beleihung von Hypotheken auf ertraglosen oder gewerblichen Grundstücken und vielfach die Bewilligung gekündigter Hypotheken. Und der Vorstand stellt fest, „daß nicht so sehr diejenigen Volkskreise als Kreditsucher aufgetreten sind, an die als Inhaber solider nachstelliger Hypotheken wohl in erster Linie gedacht war (kleine Rentner, Kleingewerbetreibende, pensionierte Beamte, Witwen) als vielmehr Hausbesitzer, die meistens infolge Ablösung eine Pfandpost am eigenen Grundstück er-

worben haben und durch erhebliche Mietsausfälle, Reparaturausgaben kreditbedürftig geworden waren.

7. Aus den bisherigen Geschäftsergebnissen ist hervorzuheben:

bewilligt bis 31. XII. 1914: 18 Darlehnsgesuche über 41 610 M (zwischen 4000 und 400 M),
bewilligt bis 1. III. 1915: 25 Darlehnsgesuche über 54 410 M,
in Kraft am 31. XII. 1914: 10 Kredite über 26 000 M, davon 23 100 M erstmalig auf weitere 3 Monate prolongiert.

Und die Bilanz für den 31. Dezember 1914 weist u. a. nach

unter den Aktiven: 923 180 M 5 %-Reichsanleihe, 26 000 M Debitoren, die durch Wechselakzepte, Hypotheken-Teilzessionen in gleicher Höhe und 336 750 M Hypothekenbriefe in treuhänderischem Depot gesichert sind,

unter den Passiven: einen Reingewinn von 10 758,06 M, der die Ausschüttung einer 4 %-Dividende für das Aktienkapital auf die Zeit vom 5. X. 14 bis 31. XII. 14 gestattet.

8. Die Organe der Gesellschaft haben sich alsdann — auf den Erfahrungen der ersten Geschäftsmonate fußend — zu einigen Satzungsänderungen entschlossen.

Die Kreditgrenze soll in Zukunft in der Regel 10 % der Hypothek — unter Beibehaltung der 75 %-Grenze — werden. Die Genehmigung des Aufsichtsrats ist erforderlich, wenn diese 10 %-Grenze oder aber im Einzelfalle 10 000 M überschritten werden sollen.

Und die Einrichtung der Kreditausschüsse ist wegen ihrer Schwerfälligkeit wieder aufgehoben worden; es sollen in Zukunft bei jedem Darlehns-Prüfungsfall vom Vorstand zwei sachverständige Prüfer — die aus den Mitgliedern der früheren Kreditausschüsse entnommen werden — zugezogen werden. Der Vorstand darf nur bewilligen, wenn die beiden Sachprüfer bewilligen oder statt dessen — der Aufsichtsrat zustimmt; der Vorstand muß aber nicht bewilligen, wenn die Sachprüfer bewilligen.

Diese Satzungsänderungen werden also den Wirkungskreis der Gesellschaft erweitern und ihre Geschäftsorganisation wesentlich vereinfachen.

9. Satzung der Berliner Kriegs-Beleihungskasse für nachstellige Hypotheken, Aktiengesellschaft:

§ 1. Die Aktiengesellschaft führt die Firma: „Berliner Kriegs-Beleihungskasse für nachstellige Hypotheken, Aktiengesellschaft".

Die Gesellschaft hat ihren Sitz in Berlin.

§ 2. I. Zweck der Gesellschaft ist, Kredit zu gewähren gegen Verpfändung von nachstelligen Hypotheken oder Grundschulden und zwar in Fällen, in denen ein durch den Krieg herbeigeführtes Kreditbedürfnis vorliegt.

II. Die Hypotheken müssen auf Berliner Hausgrundstücken ruhen, die überwiegend zu Wohnzwecken benutzt werden; sie sind insoweit beleihungsfähig, als sie innerhalb 75 v. H. des vom Magistrat festzusetzenden Beleihungswertes stehen.

Der Kredit darf in der Regel 10 v. H. der Hypothek, soweit sie beleihungsfähig ist, nicht übersteigen. Ein Kredit darüber hinaus bedarf der Genehmigung des Aufsichtsrates. Dasselbe gilt, wenn einem Einzelnen ein Kredit von mehr als 10 000 ℳ gewährt werden soll.

Bei der Kreditgewährung sind auch die persönlichen Verhältnisse des Kreditsuchers zu berücksichtigen.

Der Kredit wird nur gegen Dreimonatswechsel zu $^1/_2$ v. H. über Reichsbankdiskont gewährt; die Wechsel können prolongiert werden.

III. Die Gesamthöhe des von der Gesellschaft gewährten Kredits darf ohne Genehmigung des Reichsbankdirektoriums das Zehnfache des eingezahlten Aktienkapitals nicht übersteigen.

§ 3. Die Dauer der Gesellschaft ist auf eine bestimmte Zeit nicht beschränkt.

Die Gesellschaft soll aufgelöst werden, sobald die durch den Krieg veranlaßten wirtschaftlichen Schwierigkeiten aufgehört haben.

§ 4. Die Bekanntmachungen der Gesellschaft sind wirksam, wenn sie im Deutschen Reichsanzeiger und im Gemeindeblatt der Haupt- und Residenzstadt Berlin erfolgen.

§ 5. Das Grundkapital beträgt 1 000 000 ℳ und ist in 1000 Aktien zum Nennbetrag von je 1000 ℳ zerlegt.

Die Aktien lauten auf den Namen.

Eine Übertragung ist nur mit Genehmigung des Aufsichtsrates zulässig.

Bis zur Ausgabe von Aktienurkunden, die zunächst nicht beabsichtigt ist, weisen sich die Aktionäre durch Bezugnahme auf die Eintragung im Aktienbuch aus.

§ 6. Die Aktien sind voll eingezahlt.

§ 7. Die Organe der Gesellschaft sind:
a) der Vorstand,
b) der Aufsichtsrat,
c) die Generalversammlung.

§ 8. Der Vorstand besteht aus drei Personen. Die Mitglieder des Vorstandes werden vom Aufsichtsrat zu notariellem Protokoll bestellt. Der Aufsichtsrat ist berechtigt, die Bestellung — unbeschadet eines Anspruchs auf eine vertragsmäßige Vergütung — jederzeit zu widerrufen.

Der Aufsichtsrat ist auch berechtigt, stellvertretende Mitglieder des Vorstandes zu ernennen; sie sind in der Dreizahl (Satz 1) nicht einbegriffen.

§ 9. Willenserklärungen müssen, um für die Gesellschaft verbindlich zu sein, von zwei ordentlichen Mitgliedern des Vorstandes oder von einem ordentlichen Mitglied gemeinschaftlich mit einem stellvertretenden Mitglied abgegeben werden.

§ 10. Der Vorstand darf Bevollmächtigte für den gesamten Geschäftsbetrieb nur mit Zustimmung des Aufsichtsrates bestellen.

§ 11. Der Aufsichtsrat stellt Verwaltungsgrundsätze auf, die für die Geschäftsführungen des Vorstandes bindend sind; er kann den Vorstandsmitgliedern abgegrenzte Tätigkeitsbereiche zuweisen.

§ 12. Zur Beratung des Vorstandes bei der Entscheidung über die Kreditanträge ernennt der Aufsichtsrat sachverständige Prüfer.

Die Bewilligung von Krediten durch den Vorstand ist nur zulässig, wenn die zugezogenen Prüfer die Bewilligung befürworten; ihr Gutachten verpflichtet jedoch den Vorstand nicht zur Kreditgewährung.

Will der Vorstand abweichend von dem Gutachten der Prüfer entscheiden, so hat er die Zustimmung des Aufsichtsrates einzuholen.

§ 13. Der Aufsichtsrat besteht aus 11 Personen, von denen 7 dem Magistrat oder der Stadtverordnetenversammlung von Berlin als Mitglieder angehören müssen.

Scheidet ein Mitglied vor Ablauf seiner Amtsdauer aus, so ist eine Ersatzwahl bis zur nächsten ordentlichen Generalversammlung nicht erforderlich, solange noch von den verbleibenden Mitgliedern mehr als die Hälfte den Berliner Gemeindebehörden angehören und die Gesamtmitgliederzahl nicht unter 5 gesunken ist.

Bei Ersatzwahlen für Mitglieder, welche vor Ablauf ihrer Amtsdauer ausscheiden, erfolgt die Wahl stets für den Rest der Amtsdauer des ausgeschiedenen Mitglieds.

§ 14. Der Aufsichtsrat wählt jedes Jahr aus seiner Mitte einen Vorsitzenden sowie einen ersten und einen zweiten Stellvertreter, und zwar unmittelbar nach der den Jahresabschluß feststellenden Generalversammlung durch die an deren Schluß anwesenden Mitglieder des Aufsichtsrates, ohne daß es dazu der Einberufung einer besonderen Sitzung des Aufsichtsrates bedarf. Jeder stellvertretende Vorsitzende hat die gleichen Befugnisse wie der Vorsitzende und ist bei deren Ausübung zum Nachweis des Vertretungsfalls nicht verpflichtet.

Sind die drei Vorsitzenden an der Ausübung ihrer Obliegenheiten verhindert, so hat das den Lebensjahren nach älteste Mitglied des Aufsichtsrates diese Obliegenheiten für die Dauer der Behinderung zu übernehmen.

§ 15. Der Aufsichtsrat wird von dem Vorsitzenden oder einem seiner Stellvertreter so oft berufen, als eine geschäftliche Veranlassung dazu vorliegt. Er muß innerhalb einer Woche auf einen nicht länger als 3 Tage nach der Berufung liegenden Tag berufen werden, wenn wenigstens zwei Mitglieder oder der Vorstand es schriftlich bei dem Vorsitzenden beantragen.

Der Aufsichtsrat ist beschlußfähig, wenn wenigstens 5 Mitglieder, davon 3 Mitglieder der Berliner Gemeindebehörden, anwesend sind. In schleunigen Fällen können Beschlüsse auch durch schriftliche oder telegraphische oder telephonische Abstimmung gefaßt werden.

Die Beschlüsse werden, soweit die Satzung nicht gegenteiliges bestimmt ist, mit Stimmenmehrheit gefaßt.

§ 16. Der Aufsichtsrat hat die gesamte Geschäftsführung der Gesellschaft zu überwachen. Der Vorstand hat den Anordnungen des Aufsichtsrates Folge zu leisten. Der Aufsichtsrat kann selbst oder durch einzelne von ihm zu bestimmende Mitglieder die Bücher und Schriftstücke der Gesellschaft einsehen sowie die Bestände der Kasse und die Bestände der hinterlegten Werte prüfen.

Die Kassenbestände sind mindestens einmal vierteljährlich von zwei Mitgliedern zu prüfen.

§ 17. Die Mitglieder des Aufsichtsrates verwalten ihr Amt unentgeltlich.

§ 18. In den Generalversammlungen wird das Stimmrecht nach den Nennbeträgen der Aktien ausgeübt.

Zur Teilnahme an der Generalversammlung ist jeder Aktionär berechtigt. Als Ausweis dient die Eintragung im Aktienbuch.

§ 19. Die Berufung der Generalversammlung erfolgt durch öffentliche Bekanntmachung (§ 4 der Satzung) nach Berlin mit einer Zwischenfrist von vollen zwei Wochen. Sie kann auch unter Wahrung derselben Frist durch eingeschriebenen Brief erfolgen; diese Einberufung ist gültig, wenn sie an jede der im Aktienbuch verzeichneten Adressen zur Post gegeben ist, auch wenn sie als unbestellbar zurückkommt.

Mängel der Form und Frist der Berufung sind geheilt, sofern sämtliche Aktien in der Generalversammlung vertreten sind und die Mängel nicht von einem anwesenden Aktionär durch Erklärung zu notariellem Protokoll gerügt werden.

§ 20. In den ersten sechs Monaten jedes Geschäftsjahres findet eine ordentliche Generalversammlung statt zur Genehmigung der Jahresbilanz und Gewinnverteilung und zur Erteilung der Entlastung.

§ 21. Den Vorsitz in der Generalversammlung übernimmt der Vorsitzende des Aufsichtsrates oder dessen Stellvertreter; im Behinderungsfall ein durch die anwesenden Aufsichtsratsmitglieder zu bezeichnendes Mitglied des Aufsichtsrates. Wird kein solches bezeichnet, so leitet ein Vorstandsmitglied die Versammlung. Ist ein solches nicht anwesend, so wählt die Versammlung den Vorsitzenden.

Die Art und Weise der Abstimmung bestimmt der Vorsitzende. Wahlen finden jedoch, sofern sie nicht durch Zuruf einstimmig erfolgen, mittels Abgabe von Stimmzetteln ebenfalls nach einfacher Stimmenmehrheit statt. Ist diese bei der ersten Wahlhandlung nicht zu erreichen, so findet eine engere Wahl unter denjenigen statt, welchen die beiden höchsten Stimmenzahlen zugefallen sind. Bei gleicher Stimmenzahl in der engeren Wahl entscheidet das Los.

Die Beschlüsse der Generalversammlung werden, sofern das Gesetz oder diese Satzung nichts anderes vorschreibt, mit einfacher Mehrheit der bei der Abstimmung abgegebenen Stimmen gefaßt.

Bei Stimmengleichheit gilt der Antrag als abgelehnt.

§ 22. Über die Verhandlung in der Generalversammlung wird ein notarielles Protokoll aufgenommen, welches die Art und die Ergebnisse der Beschlußfassung zu enthalten hat, und welchem das Verzeichnis der Teilnehmer sowie die Belege über die ordnungsmäßige Berufung, sofern sie nicht unter Angabe ihres Inhalts in dem Protokoll aufgeführt worden sind, beizufügen sind. Einer Beifügung der überreichten Vollmachten zum Protokoll bedarf es nicht.

§ 23. Die Abänderung des Gegenstandes des Unternehmens, die Auflösung der Gesellschaft, die Herabsetzung des Aktienkapitals sowie die Verwertung des Gesellschaftsvermögens durch Veräußerung des Vermögens im ganzen (§§ 303 bis 306 des Handelsgesetzbuches) kann nur von einer Mehrheit von wenigstens drei Vierteln des bei der Beschlußfassung vertretenen Grundkapitals beschlossen werden.

Andere Änderungen und Ergänzungen der Satzung können, soweit das Gesetz nicht etwas Abweichendes vorschreibt, durch die Mehrheit des bei der Beschlußfassung vertretenen Grundkapitals beschlossen werden.

§ 24. Das Geschäftsjahr läuft vom 1. Januar bis zum 31. Dezember eines jeden Jahres; das erste Geschäftsjahr endet am 31. Dezember 1914.

§ 25. Die Aufstellung der Bilanz, der Jahresrechnung und der Inventur findet nach den kaufmännischen Grundsätzen und den Vorschriften der Gesetze nach Ablauf eines jeden Geschäftsjahres statt.

Der Vorstand hat in den ersten fünf Monaten des Geschäftsjahres für das verflossene Geschäftsjahr die Bilanz, die Gewinn- und Verlustrechnung sowie einen den Vermögensstand und die Verhältnisse der Gesellschaft entwickelnden Bericht dem Aufsichtsrat einzureichen, welcher die Vorlagen zu prüfen und vorbehaltlich der Genehmigung der Generalversammlung festzustellen hat.

§ 26. Von dem nach Absetzung aller Abschreibungen verbleibenden Reingewinn der Gesellschaft werden zunächst 5 v. H. dem Reservefonds zugeführt. Sodann erhalten die Aktionäre einen Gewinnanteil bis zu 4 v. H. des eingezahlten Aktienkapitals. Der alsdann verbleibende Rest wird, soweit er nicht nach dem Vorschlage des Aufsichtsrates von der Generalversammlung zu außerordentlichen Rücklagen bestimmt ist, einem besonderen Delkredere-Konto zugeführt.

§ 27. Der gesetzliche Reservefonds dient zur Deckung eines aus der Bilanz sich ergebenden Verlustes. Die Überweisungen an den Reservefonds hören auf, sobald und so oft er den zehnten Teil des Grundkapitals erreicht hat.

§ 28. Im Falle der Auflösung der Gesellschaft bestimmt die Generalversammlung, welche die Auflösung beschließt, die Art der Durchführung der Liquidation und wählt die Liquidatoren. Die Aktionäre sind zur Empfangnahme zweimal in einem Zwischenraum von einem Monat durch öffentliche Bekanntmachung (§ 4 der Satzung) aufzufordern. Beträge, die nicht binnen sechs Monaten vom Tage der letzten Bekanntmachung abgehoben worden sind, werden bei der staatlichen Hinterlegungsstelle hinterlegt. Nach beendeter Liquidation haben die Liquidatoren der Generalversammlung Schlußrechnung zu legen und von ihr Entlastung nachzusuchen.

Für den Fall der Auflösung der Gesellschaft erhalten die Aktionäre aus der Liquidationsmasse nicht mehr als den Nennwert ihrer Aktien. Der Rest der Masse wird der Stadtgemeinde Berlin zur Verwendung für gemeinnützige Zwecke übereignet.

§ 29. Die sämtlichen durch die Gründung der Gesellschaft entstehenden Kosten tragen die Gründer.

§ 30. Der Aufsichtsrat wird ermächtigt, Änderungen dieses Gesellschaftsvertrages, welche die Fassung betreffen, vorzunehmen und zu verlautbaren, sofern diese zur Herbeiführung der Eintragung in das Handelsregister gefordert werden.

§ 31. Der Aufsichtsrat tritt sofort nach der ersten Generalversammlung ohne besondere Einladung und Rücksicht auf die Zahl der Anwesenden zu einer Sitzung zwecks Wahl der Vorsitzenden und Bestellung der Vorstandes zusammen.

10. Die Berliner Kriegs-Beleihungskasse für nachstellige Hypotheken, Aktiengesellschaft, erhält in Hamburg *) eine interessante Parallele in der

Hamburgischen Beleihungskasse
für Hypotheken.

Diese Kasse hat staatlichen Charakter, wird mit besonderen Mitteln (Schatzanweisungen) des Hamburgischen Staates finanziert und hat die Aufgabe, durch Hypothekenbeleihungen in breiterem Umfange den Hamburgischen Bodenkredit zu fördern. Die Kasse wird verwaltet durch einen Vorstand, der aus Mitgliedern des Senats, der Finanzdeputation und aus nach Vorschlag der Handelskammer und der Gewerbekammer vom Senat ernannten Mitgliedern besteht.

11. Der Geschäftskreis der Hamburgischen Beleihungskasse ist, mit dem der Berliner Kasse verglichen, bedeutend weiter gesteckt. Auch hier sind zwar nur Hamburgische Hypotheken beleihungsfähig, aber der Vorstand ist nicht durch zahlenmäßige, immer etwas willkürliche Fesseln gebunden: er entscheidet nach freiem Ermessen, ob eine Beleihung zu erfolgen hat, sowie in welcher Höhe und für welche Zeit (in der Regel höchstens 3 Monate) das Darlehen zu gewähren ist. Es sollen nur Hypotheken beliehen werden, „die dem Vorstande als sicher erscheinen", und in der Regel soll die Beleihung „nicht in voller Höhe" erfolgen.

Der Geschäftsgang spielt sich in denkbar einfachsten Formen ab. Der Gläubiger einer Hypothek legitimiert sich der Beleihungskasse gegenüber durch Überreichung eines Hypothekenbriefes oder einer Benachrichtigung über die erfolgte Eintragung einer Buchhypothek und beantragt nach Maßgabe der ihm bekannten Geschäftsordnung (vgl. unter 14 S. 32) ein Darlehen von .... *M* zu gewähren. Der Vorstand prüft nach freiem Ermessen, lehnt den Antrag ab oder bewilligt ihn und ersucht alsdann den Antragsteller, eine Abtretungserklärung für die zu beleihende Hypothek in gerichtlich oder notariell beglaubigter

*) Hamburg (Stadt) 1913: 1 000 903 Einwohner,
1911: 7 795 ha Stadtgebiet insgesamt,
2 385 ha bebautes Stadtgebiet (einschl. Hofräumen und Hausgärten).

Form einzureichen. Darnach erhält der Antragsteller das Darlehen und als Quittung für seine Zession einen „Beleihungsschein“ (vgl. unter 15 S. 34).

Den Antrag auf Hypothekenbeleihung kann auch der Eigentümer selbst stellen. Er legitimiert sich alsdann der Beleihungskasse gegenüber durch Übernahme der Verpflichtung zur Eintragung einer Hypothek in Höhe von .... ℳ und wird alsdann, wenn der Vorstand zur Beleihung bereit ist, ersucht, eine entsprechende Schuldurkunde mit Hypothekenbestellung in gerichtlich oder notariell beglaubigter Form der Beleihungskasse einzureichen.

12. Der im Vergleich zu Berlin bedeutend erweiterte Wirkungskreis spiegelt sich in den zahlenmäßigen Geschäftsdaten wieder. Für den 30. April 1915 kann die Hamburgische Beleihungskasse berichten, daß insgesamt auf Hypotheken 30 338 000 ℳ Darlehen zur Auszahlung und von diesem Betrage bereits 9 282 000 ℳ zur Rückzahlung gelangt sind.

13. Eine der Hamburgischen Kasse nach Aufbau, Zweck, Verwaltung völlig verwandte Gründung hat der Senat zu Lübeck*) in der

Lübeckischen Beleihungskasse
für Hypotheken

vorgenommen. Sie ist an Geschäftsumfang hinter dem Hamburgischen Schwesterinstitut weit zurückgeblieben, denn sie weist für Anfang Mai 1915 Darlehen von nur etwa 940 000 ℳ nach. Ihre Geschäftsordnung deckt sich vollkommen mit der Hamburgischen — wenn von einzelnen Organisationseinzelheiten abgesehen wird —, sodaß ihre Wiedergabe hier unterbleiben kann.

14. Geschäftsordnung der Hamburgischen Beleihungskasse für Hypotheken:

§ 1. Nur Hamburgische Hypotheken sind beleihungsfähig.

§ 2. Gesuche um Beleihung einer Hypothek sind schriftlich an den Vorstand der Beleihungskasse (Adresse: Finanzdeputation, Rathaus)

---

*) Lübeck (Stadt) 1913: 100 791 Einwohner,
1911: 3 037 ha Stadtgebiet insgesamt,
454 ha bebautes Stadtgebiet (einschl. Hofräumen und Hausgärten).

zu richten, wobei tunlichst die auf der Finanzdeputation entgegenzunehmenden Vordrucke zu benutzen sind.

Dem Gesuch ist der Hypothekenbrief oder, falls ein solcher nicht erteilt ist, die Benachrichtigung des Grundbuchamtes über die erfolgte Eintragung der Hypothek beizufügen. Ist der Grundeigentümer der Antragsteller, so sind die Grundstückspapiere dem Gesuch beizufügen.

In dem Gesuch ist ferner anzugeben, in welcher Höhe und für welchen Zeitraum das Darlehen beantragt wird.

§ 3. Der Vorstand entscheidet nach freiem Ermessen, ob eine Beleihung zu erfolgen hat, sowie in welcher Höhe und für welche Zeit das Darlehen zu gewähren ist.

Es können nur Hypotheken beliehen werden, welche dem Vorstand als sicher erscheinen. In der Regel soll ferner eine Beleihung auf höchstens drei Monate und nicht in voller Höhe erfolgen. Eine Verlängerung der Darlehnsfrist kann auf Antrag zugelassen werden.

Bei der Entscheidung über die Beleihung soll auf die persönlichen Verhältnisse des Gesuchstellers Rücksicht genommen werden, insbesondere soll ein Darlehen nur in der Höhe gewährt werden, als es dem Kreditbedürfnis des Gesuchstellers entspricht.

§ 4. Der Vorstand teilt sich in Sektionen.

Die Sektion ist beschlußfähig bei Anwesenheit je eines Mitgliedes des Senats und der Finanzdeputation sowie eines der auf Vorschlag der Handelskammer und der Gewerbekammer vom Senat ernannten Mitglieder.

Die Beschlußfassung erfolgt nach Stimmenmehrheit.

Auf Antrag eines Mitgliedes ist eine Beschlußfassung des Gesamtvorstandes herbeizuführen. Der Gesamtvorstand ist beschlußfähig bei Anwesenheit von fünf Mitgliedern.

§ 5. Die Vorbereitung und Ausführung der Vorstandsbeschlüsse wird zwei Regierungsräten *) bei der Finanzdeputation übertragen. Jeder von diesen ist ermächtigt, die Kasse den Gerichten und Behörden sowie allen dritten gegenüber zu vertreten.

§ 6. Die Darlehen können nur im Betrage von wenigstens 300 ℳ gewährt werden. Über die Gewährung des Darlehens wird von der Kasse ein Beleihungsschein erteilt.

§ 7. Der jeweilig zu berechnende Zinsfuß für Darlehensgewährungen wird bekannt gemacht.

Die Zinsen und etwaige Kosten sind bei der Auszahlung des Darlehens in Abzug zu bringen.

§ 8. Vor Auszahlung des Darlehens muß die Forderung, welche der Hypothek zu Grunde liegt, nebst der Hypothek von dem Darlehns-

*) Bei der Lübeckischen Kasse sind diese Funktionen dem Bureauvorsteher des Finanzdepartements und in dessen Verhinderung dem Stadtkassenverwalter übertragen.

nehmer rechtswirksam der Beleihungskasse übertragen oder der Antrag auf Eintragung der Hypothek für die Kasse beim Grundbuchamt eingegangen sein. Der Kasse wird das Recht eingeräumt, die sämtlichen einem Hypothekengläubiger zustehenden Rechte, insbesondere das Recht auf Einziehung der Zinsen und auf Kündigung, auszuüben, auch die Forderung einzuziehen.

§ 9. Gerät der Schuldner mit Rückzahlung des Darlehens oder mit der Zinszahlung in Verzug, so ist die Darlehnskasse berechtigt, die durch die Hypothek gesicherte Forderung zu kündigen, für die Kasse einzuziehen oder sonstwie bestmöglich nach Ermessen des Vorstandes zu verwerten.

§ 10. Die beliehene Forderung und Hypothek haftet der Kasse für Kapital, Zinsen und Kosten.

§ 11. Der Darlehnsnehmer ist berechtigt, das Darlehen jederzeit zurückzuzahlen. Die Zinsen für die nicht in Anspruch genommene Darlehnszeit werden von der Kasse zurückvergütet. Alsbald nach Rückzahlung des Darlehens und Vergütung der Nebenforderungen ist die Forderung und die Hypothek von der Kasse freizugeben und auf den Darlehnsnehmer zurück zu übertragen.

§ 12. Reicht der Erlös der Hypothek zur vollständigen Befriedigung der Kasse nicht aus, so bleibt der persönliche Anspruch wegen des Fehlenden an den Darlehnsnehmer bestehen.

Ergibt sich ein Überschuß, ist die Kasse zur Auskehrung dieses verpflichtet.

§ 13. Als „Hypotheken" im Sinne des Gesetzes und der Geschäftsordnung gelten auch Grund- und Rentenschulden.

15. Beleihungsschein der Hamburgischen Beleihungskasse für Hypotheken:

Staatswappen.

Beleihungsschein Nr. ......

Es ha...... am ....191.... von der Hamburgischen Beleihungskasse für Hypotheken gegen Verpfändung der nachstehend beschriebenen Hypothek ein zu ...... Prozent verzinsliches Darlehen in Höhe von ℳ ...., in Worten: Mark .... erhalten.

Das Darlehen ist auf .... gewährt und wird mithin ohne Kündigung am .... zur Rückzahlung fällig.

Dem Beleihungsgeschäft sind die in der Geschäftsordnung der Hamburgischen Beleihungskasse aufgeführten Bedingungen zu Grunde gelegt.

Hamburg, den .... 191... ..

Hamburgische Beleihungskasse für Hypotheken.

J. A.:

....

Beschreibung der Hypothek:
.... ℳ in .... Bd. ...... Bl. Nr. ...... in Abt. III unter Nr. ......
....

Das Darlehen ist verlängert bis ....

Eine Rückzahlung des Darlehens hat stattgefunden:
am .... mit ℳ ....
am .... mit ℳ ....

Auf Zinsen sind folgende Zahlungen geleistet:
am .... ℳ ....
am .... ℳ ....

Die Geschäftsordnung der Hamburgischen Beleihungskasse ist umseitig abgedruckt.

IV. Die Bewilligung von Hilfskapitalien für den Hypothekenzinsendienst.

1. Der Kernpunkt der Hypothekenvermittlung im weiteren Sinne ist in letzter Linie immer der Ausgleich zwischen der geldlichen Forderung des Gläubigers und dem meist beträchtlich abweichenden geldlichen Angebot des Schuldners. Entweder ist die gesamte Forderung des Gläubigers fällig und eingefordert, oder es sind nur periodische Teilforderungen des Gläubigers überfällig, oder aber es treten beide Schwierigkeiten gemeinschaftlich auf. Der Gläubiger ist — im großstädtischen Hypothekarkredit — meist der stärkere Teil und möchte nicht nachgeben, der Schuldner ist meist der schwächere Teil und entbehrt selbst bei gewisser Kreditwürdigkeit jeder nennenswerten Stützung seines Personal- bezw. Realkredits. Mit der bloßen verhandlungsmäßigen Vermittlung bezw. Einigung ist unter solchen Umständen im Einzelfalle bisweilen wohl das Ärgste abzuwenden, im allgemeinen wird aber wirksam nur geholfen werden können durch eine beiden Parteien offenstehende Kreditquelle, die den besonderen Umständen des Einzelfalls Rechnung tragen kann.

2. Den ersten bedeutenden Schritt in dieser Richtung hat Dresden*) getan, das schon in früheren Jahren fruchtbaren Boden für neuartige Bodenkreditorganisationen hergegeben hat. Nach Kriegsausbruch wurde hier die

Dresdner Mietdarlehnskasse,
Aktiengesellschaft,

gegründet, um auf dem Wege des Diskont- oder des Akzeptkredits

1. den Hausbesitzern, die ihr Grundstück ganz oder teilweise selbst benützen oder zu Wohn- oder Geschäftszwecken vermietet haben, im Bedarfsfalle die erforderlichen Mittel zur Bezahlung der Hypothekenzinsen und sonstigen auf dem Grundstücke haftenden wiederkehrenden Leistungen zu gewähren;
2. den Mietern die Füglichkeit zur ratenweisen Bezahlung fälliger für einen längeren Zeitraum als einen Monat zu bezahlender Mietszinsteile zu verschaffen;
3. für die Grundstücksgläubiger die pünktliche Entrichtung ihrer laufenden Forderungen sicher zu stellen.

Die Gesellschaft ist nicht nur für die Dauer des Krieges gegründet worden, sondern an sich für unbestimmte Zeit. Die Beendigung des durch den Krieg verursachten Notstandes soll allerdings zu ihrer Liquidation führen.

3. Die Finanzierung der Gesellschaft erfolgt durch ein Grundkapital von 1 032 000 *M*, das in 1 032, auf den Namen lautende Aktien zerlegt und mit einem Viertel zur Einzahlung gelangt ist. Die erste Hälfte des Grundkapitals ist von den am Dresdner Markt beteiligten Realkreditinstituten gezeichnet worden (u. a. haben die Sparkasse der Stadt Dresden 150 000 *M* und die Grundrenten- und Hypothekenanstalt der Stadt Dresden 100 000 *M* Aktien übernommen), und die andere Hälfte ist vom Dresdner Grundbesitz aufgebracht worden. Die Stadtgemeinde Dresden hat die Gewährleistung für die Verbindlichkeiten der Gesellschaft in Höhe von 1 Million Mark — die

---

*) Dresden 1913: 561 511 Einwohner,
1911: 6 973 ha Stadtgebiet,
1912: rund 18 000 bebaute Grundstücke.

n a ch Verlust des Aktienkapitals eintreten soll — übernommen, und darnach hat die Reichsbank der Gesellschaft einen Wechselkredit in Höhe des Vierfachen des Aktien- und Garantiekapitals, d. h. in Höhe von mehr als 8 Millionen Mark eröffnet.*)

Die Überschußwirtschaft der Gesellschaft wird von besonderer Vorsicht geleitet. Vom Reingewinn werden zunächst 5 % dem Reservefonds zugeführt, von dem Rest erhalten die Aktionäre einen Gewinnanteil bis zu 4 % des eingezahlten Aktienkapitals, und der alsdann noch verbleibende Rest wird einem besonderen Delkredere-Konto überwiesen.

4. Die Organe der Gesellschaft sind

1. der Vorstand; er besteht nach näherer Bestimmung des Aufsichtsrats aus einer oder mehreren Personen;
2. der Aufsichtsrat; er besteht aus mindestens dreizehn von der Generalversammlung zu wählenden Personen und ist bei Anwesenheit von wenigstens sieben Mitgliedern beschlußfähig;
3. die Generalversammlung;
4. der Kreditausschuß; er besteht aus fünf oder mehr vom Aufsichtsrat zu wählenden besonders sachverständigen Mitgliedern, von denen wenigstens eins Mitglied des Aufsichtsrats sein soll; er ist bei Anwesenheit von mindestens drei Mitgliedern beschlußfähig.

Die Aufsicht über die Gesellschaft wird durch den Rat zu Dresden, die Oberaufsicht durch das Kgl. Ministerium des Innern geübt. Beiden Aufsichtsbehörden bezw. ihren Kommissaren sind weitgehendste Vollmachten zugesichert worden.

5. Wie regelt sich nun die formelle Zuständigkeit dieser Organe in Bezug auf die eigentliche Kreditzusage? Zunächst werden sämtliche Kreditanträge vom Vorstande dem Kreditausschuß zur Prüfung und Begutachtung überwiesen. Lehnt der Kreditausschuß den Antrag ab, so muß auch der Vorstand den Antrag ablehnen; — nimmt der Kreditausschuß den

*) Im Vergleich mit der Kreditzusage der Reichsbank gegenüber der Berliner Kriegs-Beleihungskasse (vgl. S. 23) bedeuten diese Zahlen einen erheblichen Vorteil.

Antrag an, so **kann** der Vorstand den Antrag annehmen oder ablehnen; — verlangt im Kreditausschuß, trotz Annahme des Antrags, ein Mitglied des Aufsichtsrats oder der städtische bezw. staatliche Kommissar die Beschlußfassung des Aufsichtsrats, so **muß** der Antrag dem Aufsichtsrat zur Beschlußfassung überwiesen werden. Im übrigen sind Vorstand, Kreditausschuß und Aufsichtsrat in ihren Beschlüssen an die scharf abgegrenzten materiellen Bestimmungen der „Verwaltungsvorschriften für die Dresdner Mietdarlehnskasse, Aktiengesellschaft" (vgl. unter 8 S. 42), gebunden.

6. Und nun der **Geschäftsgang** im einzelnen. Die Mietdarlehnskasse gewährt Darlehen ausschließlich an **Eigentümer** und **Nießbraucher** von Dresdner Grundstücken, die ganz oder teilweise zu Geschäfts- oder Wohnzwecken vermietet sind — Geschäftshäuser werden also nicht ausgeschlossen — oder vom Eigentümer oder vom Nießbrauchsberechtigten ganz oder teilweise selbst benützt werden. Der notleidende Eigentümer oder Nießbraucher stellt bei der Darlehnskasse zunächst einen Darlehnsantrag, der wegen der zahlreich in ihm formularmäßig enthaltenen materiellen Vorschriften hier wiedergegeben wird:

Grundstück: .... Straße Nr. ......
Blatt ...... des Grundbuchs ...... für ....
Grundstückseigentümer: ....
Nießbrauchsberechtigter: ....
Grundsteuerwert 191....: ....
Gesamtmietertrag 191....: ....
(vgl. Mietverzeichnis)
Renten: .... ℳ ......
.... ℳ ...... *)
Hypothekenzinsen: I .... ℳ ...... nach ...... % für ...... ℳ Kapital, für ....
II .... ℳ ...... nach ...... % für ...... ℳ Kapital, für ....
III .... ℳ ...... nach ...... % für ...... ℳ Kapital, für ....
Höhe des erbetenen Darlehens: ....

*) In Frage kommen hier vor allem die stark ausgebauten Schwemmkanalisationsrenten und Anliegerrenten der Grundrenten- und Hypotheken-Anstalt der Stadt Dresden.

Infolge des Krieges — Einberufung meiner Mieter — Arbeitslosigkeit meiner Mieter — schlechten Geschäftsganges — ist die am .... fällige Miete von meinen Mietern nicht pünktlich gezahlt worden (wird die am .... fällige Miete von meinen Mietern nicht pünktlich gezahlt werden). Die teilweise Bezahlung der am .... fälligen Renten und Hypothekenzinsen ist dadurch in Frage gestellt.

Ich ersuche die Dresdner Mietdarlehnskasse, Aktiengesellschaft, für meine Rechnung die .... fällig gewesenen Hypothekenzinsen an .... gegen Abtretung des hypothekarisch sicher gestellten Zinsenanspruchs zu bezahlen.

Ich verpflichte mich, zur weiteren Sicherstellung der Dresdner Mietdarlehnskasse, Aktiengesellschaft, einen von .... angenommenen Drei-Monats-Wechsel auszustellen, und bin bereit, an die Darleiherin folgende Mieten zur Einziehung abzutreten:

a) .... ℳ ...... von ....
b) .... ℳ ...... von ....
c) .... ℳ ...... von .. ..

Ich versichere, daß seit Jahresfrist kein Konkurs-, Zwangsversteigerungs- oder Zwangsverwaltungsverfahren gegen mich anhängig gewesen ist, daß ich den Offenbarungseid noch nicht geleistet habe, und mit öffentlichen Abgaben für mehr als ein Vierteljahr nicht im Rückstand verblieben bin.

Zur Deckung der übrigen fälligen — rückständigen — Grundstückslasten reichen die Erträgnisse meines Grundstücks aus.

Die übrigen am .... fälligen Grundstückslasten sind bezahlt.

.... ha.... die von ...... ermieteten Räume seit .... inne.

.... ha.... die bis zum Ausbruch des Krieges fällig gewesenen Mieten ohne Inanspruchnahme der Armenkasse entrichtet.

Zur diesjährigen Staats- und Gemeindeeinkommensteuer bin ich nach einem Einkommen von .... ℳ ...... herangezogen worden, zum Wehrbeitrag nach einem Vermögen von .... ℳ.

Ich ermächtige die Dresdner Mietdarlehnskasse, Aktiengesellschaft, zur Einsicht der Steuerkataster, Baupolizeiakten und Grundakten und bin bereit, die ihr durch Bearbeitung meines Darlehnsantrages entstehenden Kosten mit ...... ℳ zu ersetzen.

Ich versichere, daß die von mir gemachten Angaben der Wahrheit entsprechen.

(Datum.) (Unterschrift.)

Anlagen: Grundbuchauszug neuesten Datums.
Gemeindegrundsteuerzettel f. d. J. 1914.
Einkommensteuerzettel f. d. J. 1914.
Veranlagungsbescheid zum Wehrbeitrage.
Verzeichnis der einzelnen Mieter und Mieten.
Mietverträge.
Zinsquittungen.

Für den Fall, daß der antragstellende Eigentümer oder Nießbraucher von der Darlehnskasse eine Kreditzusage erhält, hat er

1. die Wechselverpflichtung in Höhe der zu gewährenden Darlehnsvaluta zu überreichen und zwar derart, daß bei kleineren Mietswerten der Darlehnsnehmer den Wechsel selbst akzeptiert, bei größeren Mietswerten (Etagenwohnungen, Geschäftsräumen) — wo die Verhältnisse des Mieters Sicherheit bieten — der Mieter den Wechsel akzeptiert und der Darlehnsnehmer den Wechsel unter wechselmäßiger Haftung als Aussteller oder als Girant an die Mietdarlehnskasse weiter gibt;

2. die Abtretung der ihm gegen den notleidenden Mieter zustehenden Mietzinsforderung (a) und ein entsprechendes Anerkenntnis des notleidenden Mieters (b) zu überreichen; auch diese Urkunden seien ihrer Form nach hier wiedergegeben:

a. In meinem Hausgrundstücke
.... in Dresden
ha ....
....
eine .... für jährlich .... ℳ ermietet. Die Miete ist in vierteljährlichen gleichen Raten vereinbarungsgemäß am 1. Tage eines jeden Kalendervierteljahres im voraus zu entrichten. Infolge .... ha... mein.... Miete.... die am .... 191.... mit .... ℳ ...... fällige Mietzinsrate auf das ...... Kalendervierteljahr 191.... unberichtigt gelassen.

Die Dresdner Mietdarlehnskasse, Aktiengesellschaft, wird für meine Rechnung an .... zur Begleichung fälliger Hypothekenzinsen .... ℳ ...... in Buchstaben: .... bezahlen und hat als Sicherheit einen von mir über .... ℳ ausgestellten, von .... angenommenen Wechsel in Zahlung genommen. Zwecks weiterer Sicherstellung der Dresdner Mietdarlehnskasse Aktiengesellschaft trete ich an sie die mir an .... zustehende Mietzinsforderung nach Höhe von .... ℳ ab. Ich ermächtige die Dresdner Mietdarlehnskasse, Aktiengesellschaft, die abgetretene Forderung im eigenen Namen, aber für meine Rechnung, zwecks Tilgung meiner Wechselschuld einzuziehen und erbiete mich, die uneinbringlichen Kosten der Einziehung der Mietzinsschuld zu tragen und bis zur Rückzahlung der Wechselschuld das Mietverhältnis mit .... nicht ohne Einwilligung der Darlehnskasse aufzulösen.

Ich stelle es in das Belieben der Mietdarlehnskasse, ob sie .... mittels Klage und Zwangsvollstreckung in Anspruch nehmen oder dies unterlassen will. Auch begebe ich mich des Rechtes, gegen die Klage und Zwangsvollstreckung aus dem Wechsel einzuwenden, daß die Einziehung der abgetretenen Miete nicht ordnungsgemäß erfolgt sei.

(Datum.) (Unterschrift.)

b.

Ich erkenne an, ... für die von mir im Hause .... ermieteten ....räume an Miete für das ...... Kalendervierteljahr 191.... .... ℳ ...... in Buchstaben: .... schuldig zu sein und verpflichte mich zur Erstattung der .... durch Aufnahme eines Darlehens bei der Dresdner Mietdarlehnskasse, Aktiengesellschaft, in Dresden erwachsenden Zinsen und Kosten.

Von der oben ausgesprochenen Mietzinsabtretung habe ich Kenntnis genommen.

Von einer weiteren Abtretung, Pfändung oder Verpfändung der Mietzinsforderung habe ich keine Kenntnis.

(Datum.) (Unterschrift.)

3. die Abtretung des dem Grundstücksgläubiger gegen den Hausbesitzer zustehenden persönlichen und dinglichen Anspruchs, den die Mietdarlehnskasse befriedigt, zu überreichen; diese Abtretung hält sich im üblichen Rahmen, auch er sei hier wiedergegeben:

Auf dem Grundstück .... Blatt ...... des Grundbuchs ...., eingetragen auf den Namen ...., sind für .... in der III. Abteilung .... Mark Darlehen samt Anhang nebst Zinsen zu ...... eventuell ...... vom Hundert hypothekarisch eingetragen.

Nachdem die Dresdner Mietdarlehnskasse, Aktiengesellschaft, in Dresden die rückständigen Zinsen auf das ...... Vierteljahr 191.... nach ...... vom Hundert im Betrage von .... ℳ ...... an .... verlagsweise bezahlt hat, trete .... den oben bezeichneten Anspruch mit dem dinglichen Rechte am Grundstücke an die genannte Dresdner Mietdarlehnskasse, Aktiengesellschaft in Dresden dergestalt ab, daß sie wegen des abgetretenen Anspruchs Befriedigung aus dem Pfandgrundstücke zu fordern berechtigt sein soll.

..........., der unterzeichnete Grundstückseigentümer, habe von dem Inhalt dieser Urkunde Kenntnis.

(Datum.) (Unterschrift.)

7. Über die Geschäftsergebnisse bis zum 31. Mai 1915 berichtet die Geschäftsleitung der Dresdner Mietdarlehnskasse:

70 Darlehnsanträge insgesamt, davon
18 Darlehen abgelehnt,
52 Darlehen ausgeführt;
48 174,98 ℳ ausgeliehen, davon
27 845,34 ℳ zurückgezahlt;
die Darlehen wurden gewährt im Betrage von

1— 200 ℳ	in	12	Fällen,
201— 400 ℳ	„	13	„ ,
401— 600 ℳ	„	9	„ ,
601— 800 ℳ	„	7	„ ,
801— 1 000 ℳ	„	2	„ ,
1 001— 1 200 ℳ	„	2	„ ,
1 201— 1 400 ℳ	„	3	„ ;
1 401— 2 000 ℳ	„	1	„ ,
8 000—10 000 ℳ	„	3	„ .

8. Verwaltungsvorschriften für die Dresdner Mietdarlehnskasse, Aktiengesellschaft:

§ 1. Die Bewilligung von Krediten steht dem Vorstande in Gemäßheit dieser Verwaltungsvorschriften unter Kontrolle des Aufsichtsrats und des städtischen beziehungsweise staatlichen Kommissars zu (§ 21 der Satzung).

Zur Unterstützung des Vorstandes wird ein Kreditausschuß gebildet. Er hat die Aufgabe, die Kreditanträge zu prüfen und zu begutachten; ihm sind von dem Vorstande alle zur Beurteilung des Kreditantrages erforderlichen Unterlagen über das fragliche Grundstück oder den betreffenden Hausbesitzer zugängig zu machen. Seine Mitglieder sollen tunlichst aus eigener Sachkenntnis über die ihnen zu unterbreitenden Kreditanträge die Entscheidung treffen können; er ist jedoch befugt, zu seiner Information beliebige Sachverständige und ortskundige Vertrauenspersonen zuzuziehen und selbständige Erörterungen über die Kreditwürdigkeit der Darlehnsuchenden zu veranstalten.

Der Kreditausschuß besteht aus 5 oder mehr vom Aufsichtsrat zu wählenden Mitgliedern. Wegnistens eins derselben soll Mitglied des Aufsichtsrats sein. Den Vorsitz führt ein vom Aufsichtsrate zu beauftragendes Mitglied. Der oder die Stellvertreter des Vorsitzenden werden vom Kreditausschuß aus seiner Mitte gewählt.

Der Kreditausschuß ist beschlußfähig, wenn mindestens drei seiner Mitglieder an der Beschlußfassung teilnehmen. Die Entscheidung erfolgt durch Mehrheitsbeschluß. Die Beschlüsse sind schriftlich niederzulegen und von mindestens zwei Mitgliedern zu unterzeichnen.

Die Bewilligung eines Darlehens ist nur zulässig, wenn der Antrag von dem Kreditausschuß befürwortet wird. Der Vorstand ist im übrigen durch die Beschlüsse des Kreditausschusses nicht gebunden.

Der Aufsichtsrat kann mit Genehmigung des städtischen bezw. staatlichen Kommissars dem Kreditausschuß das Recht verleihen, bis zu einem bestimmten Höchstbetrage einem Gesuchsteller selbständig Kredite zu gewähren; er kann auch mehrere Kreditausschüsse mit örtlich oder sachlich abgegrenzter Zuständigkeit (zur Beurteilung von Geschäftsräumen, kleineren Wohnungen, Etagenwohnungen) einrichten.

§ 2. Sämtliche Gesellschaftsorgane und deren Mitglieder, insbesondere die Mitglieder des Kreditausschusses sowie die von ihm zugezogenen Sachverständigen und Vertrauenspersonen, sind verpflichtet, die Verhältnisse der Kreditsuchenden, die aus Anlaß ihrer Tätigkeit zu ihrer Kenntnis gelangen, streng geheim zu halten.

§ 3. Die bewilligten Kredite dürfen nur aus dem bar eingezahlten Grundkapital der Gesellschaft und darüber hinaus nur durch Diskontierung der von den Darlehnsnehmern der Gesellschaft ausgestellten Wechsel (§ 9 der Verwaltungsvorschriften) bei der Reichsbank, und zwar der Reichsbankhauptstelle Dresden, gewährt werden. Der bei der Reichsbank in Anspruch genommene Diskontkredit darf nach Bestimmung des Reichsbankdirektoriums jeweils das Vierfache des Gesamtbetrages des (nominellen) Grundkapitals der Gesellschaft und der Gewährleistungssumme der Stadtgemeinde Dresden nicht übersteigen.

§ 4. Die Mietdarlehnskasse gewährt Darlehen nur an Eigentümer und Nießbrauchsberechtigte von Dresdner Grundstücken, die ganz oder teilweise zu Geschäfts- oder Wohnzwecken vermietet sind oder vom Eigentümer oder vom Nießbrauchsberechtigten ganz oder teilweise selbst benützt werden.

Die Darlehen werden nur gewährt zur Deckung solcher laufenden auf dem Grundstück haftenden Verbindlichkeiten (insbesondere Renten und Hypothekenzinsen), die fällig bezw. rückständig sind, und deren Bezahlung dadurch in Frage gestellt ist, daß ein entsprechender Mietbetrag in Folge des Krieges (wegen Einberufung des Mieters zum Heeresdienst, infolge Arbeitslosigkeit oder schlechten Geschäftsganges) von dem Mieter nicht pünktlich gezahlt werden kann und entweder bereits in Rückstand gekommen ist oder rückständig zu bleiben droht.

§ 5. Das Darlehen wird von der Mietdarlehnskasse gegen dreifache Sicherheit gewährt, nämlich

1. gegen wechselmäßige Verpflichtung des Darlehnsnehmers (als Akzeptant, Aussteller oder Girant, vgl. § 9),
2. gegen Abtretung der dem Hausbesitzer gegen den notleidenden Mieter zustehenden Mietzinsforderung und gegebenenfalls dessen Wechselakzept,

3. gegen Abtretung des dem Grundstücksgläubiger gegen den Hausbesitzer zustehenden persönlichen und dinglichen Anspruchs, den die Mietdarlehnskasse befriedigt.

§ 6. Das Darlehen ist zu versagen:

1. wenn gegen den Darlehnsnehmer im letzten Jahre vor dem Darlehnsantrag ein Konkurs-, Zwangsversteigerungs- oder Zwangsverwaltungsverfahren anhängig gewesen ist,
2. wenn das Grundstück überschuldet ist, d. h. wenn der normalerweise zu erzielende Mietertrag die Grundstücksausgaben — die Unterhaltungskosten (die mit 15 % des Mietertrages angenommen werden) und die laufenden Grundstücksschulden (Renten und Hypothekenzinsen) — nicht mindestens deckt,
3. wenn der dingliche Anspruch, der gegen Abtretung mit dem Darlehen befriedigt werden soll, seinem Range nach über 90 % des Grundsteuerwerts des Grundstücks hinausgehen würde,
4. wenn der vereinbarte Mietzins den ortsüblichen Mietpreis und insbesondere den vor Kriegsausbruch (am 1. Juli 1914) tatsächlich geforderten und bezahlten Mietzins wesentlich übersteigt.

Das Darlehen kann versagt werden

5. wenn nicht gleichzeitig Deckung für die übrigen zum selben Termine fälligen oder rückständigen Grundstückslasten vom Darlehnsnehmer nachgewiesen wird,
6. wenn der Darlehnsnehmer den Offenbarungseid geleistet hat oder wenn er zur Zeit des Darlehnsantrags mit öffentlichen Abgaben für mehr als ein Vierteljahr im Rückstand verblieben ist.

§ 7. I. Das Darlehen wird bis zum Betrage des vom Grundstücksgläubiger abgetretenen fälligen Anspruchs nach folgender Höhe gewährt:

1. bis zur vollen Höhe der vom Darlehnsnehmer an die Kasse abgetretenen Mietzinsforderung, wenn
   a) diese voraussichtlich innerhalb angemessener Frist (vgl. § 12 Abs. 2, 3) voll einbringlich und durch Wechselakzept des Mieters gesichert ist,

   und wenn

   b) der der Kasse vom Grundstücksgläubiger abgetretene dingliche Anspruch seinem im Zwangsversteigerungsfalle gegebenen Range nach mit nicht weniger als 60 % des Grundsteuerwertes des Grundstückes ausgeht;
2. bis zu 75 % der Mietzinsforderung, wenn nur eine der unter 1 a und b bezeichneten Voraussetzungen vorliegt,
3. in allen anderen Fällen bis zu 60 % der Mietzinsforderung.

II. Benützt der Grundstückseigentümer das Grundstück ausschließlich, so wird das Darlehen gewährt

1. bis zu 75 % des steueramtlich ermittelten Mietwertes, wenn
   a) die Forderung der Darlehnskasse durch Wechselbürgschaft gesichert ist, oder wenn
   b) der der Kasse vom Grundstücksgläubiger abgetretene dingliche Anspruch seinem im Zwangsversteigerungsfalle gegebenen Range nach mit nicht mehr als 60 % des Grundsteuerwertes des Grundstückes ausgeht;
2. in allen anderen Fällen bis zu 50 % des steueramtlich ermittelten Mietwertes.

§ 8. Das Darlehen wird in der Regel erst beim Eintritt der Fälligkeit der damit zu deckenden Grundstückslasten und der hierfür abzutretenden Mieten gewährt.

§ 9. Der Mietdarlehnskasse ist über die Darlehnsvaluta ein Wechsel auszustellen. Dieser ist von dem Darlehnsnehmer zu akzeptieren. Wenn es sich bei der abgetretenen Mietzinsforderung um größere Mietwerte (Etagenwohnungen, Pensionate, Geschäftsräume) handelt und die Verhältnisse des Mieters einige Sicherheit bieten, ist der Wechsel in der Regel von dem Mieter zu akzeptieren und vom Darlehnsnehmer unter wechselmäßiger Haftung als Aussteller oder Girant an die Mietdarlehnskasse weiterzugeben.

Der Wechsel wird von der Kasse unter Abzug eines Diskonts, der nicht mehr als 1/2 vom Hundert über dem jeweiligen Reichsbankdiskont betragen soll, in der Weise honoriert, daß die Kasse die Valuta an den Grundstücksgläubiger Zug um Zug gegen Abtretung seiner dinglichen Rechte gegen den Hausbesitzer überweist.

§ 10. Die Wechsel sollen in der Regel mit drei Monaten Laufzeit ausgestellt werden. Sie können auf Antrag um weitere drei Monate verlängert werden (§ 12).

§ 11. Gleichzeitig mit dem Wechsel hat der Darlehnsnehmer der Darlehnskasse eine schriftliche Abtretungserklärung über die zu beleihenden Mietzinsforderungen einzureichen. Dieser Abtretungserklärung ist eine schriftliche Erklärung des Darlehnsnehmers beizufügen, daß die Mietzinsforderung bestehe, daß sie vorher nicht abgetreten, gepfändet oder verpfändet sei, und daß Gegenforderungen des Mieters gegen ihn nicht bestehen; auch hat er die Abtretung dem Mieter sofort anzuzeigen.

§ 12. Die Abtretung der Mietzinsforderungen erfolgt zum Zwecke der Tilgung der Wechselschuld des Darlehnsnehmers, lediglich zahlungshalber, nicht an Zahlungs Statt.

Die Darlehnskasse ist berechtigt, die abgetretenen Mietzinsforderungen im eigenen Namen, aber für Rechnung des Darlehnsnehmers zwecks Tilgung seiner Wechselschuld von dem Mieter einzuziehen. Über die Zahlungsweise kann zwischen Darlehnskasse und Mieter selbständige Vereinbarung getroffen werden, jedenfalls ist die Mietdarlehnskasse berechtigt, die abgetretenen Mietzinsen bis zur Verfallzeit des Wechsels dem Mieter ganz oder teilweise zu stunden.

Konnte die Mietzinsschuld bis zur Fälligkeit des Wechsels ganz oder teilweise nicht eingezogen werden, so ist die Mietdarlehnskasse berechtigt, dem Darlehnsnehmer auf seinen Antrag den Wechsel auf den noch rückständigen Schuldbetrag um drei Monate zu verlängern und für die Dauer der Prolongation dem Mieter im Falle seiner Bedürftigkeit weitere Stundung zu erteilen.

Die uneinbringlichen Kosten der Einziehung der Mietzinsschuld fallen dem Darlehnsnehmer zur Last.

Solange die Miete an die Darlehnskasse abgetreten ist und vom Darlehnsnehmer die Wechselschuld nicht zurückgezahlt ist, kann der letztere das Mietverhältnis nicht ohne Einwilligung der Darlehnskasse wegen Mietzinsrückständen auflösen.

Es steht in dem Belieben der Mietdarlehnskasse, ob sie den Mieter mittels Klage und Zwangsvollstreckung in Anspruch nehmen oder dies als aussichtslos unterlassen will. Der Darlehnsnehmer kann gegen die Klage und Zwangsvollstreckung aus dem Wechsel nicht einwenden, daß die Einziehung der abgetretenen Miete nicht ordnungsgemäß erfolgt sei.

§ 13. Die von dem befriedigten Grundstücksgläubiger an die Kasse abgetretenen dinglichen Rechte dürfen durch Zwangsvollstreckung in das Grundstück (Zwangsversteigerung, Zwangsverwaltung) erst dann geltend gemacht werden, wenn die der Kasse gegen den Darlehnsnehmer aus dem Wechsel erstehenden Rechte bei einer Zwangsvollstreckung in das bewegliche Vermögen, insbesondere nach Befinden in die der Kasse nicht mit abgetretenen, dem Hausbesitzer verbliebenen Mietzinsforderungen keine Befriedigung gefunden haben.

Zur Einleitung einer Zwangsvollstreckung in Grundstücke bedarf der Vorstand in jedem Falle der Zustimmung des Aufsichtsrates.

9. Das umfassende Vorbild, das Dresden mit seiner Mietdarlehnskasse gegeben hat, ist bisher *) nirgends nachgebildet worden, wenn auch hier und da ähnliche Projekte auftauchten. Weitere Ziele als die Dresdner Kasse, wenn auch in engerem Rahmen, hat sich eine gemeinsame Gründung der Stadtgemeinde Chemnitz **) und des Allgemeinen Hausbesitzervereins (J. P.) zu Chemnitz in der

---

*) Anfang Juni 1915.

**) Chemnitz 1913: 307 800 Einwohner.
1911: 4 403 ha Stadtgebiet insgesamt,
1 113 ha bebautes Stadtgebiet (einschl. Hofräumen und Hausgärten).

Treuhandgesellschaft für Grundstücksverwaltungen mit beschränkter Haftung gesteckt.

Dieses gemischt-wirtschaftliche Unternehmen wird durch 15 000 ℳ Stammeinlage der Stadtgemeinde und durch 10 000 ℳ Stammeinlage des Hausbesitzervereins finanziert und will den Bodenkredit der Stadt Chemnitz während der Dauer des Kriegszustandes fördern helfen durch treuhänderische Grundstücksverwaltung, durch Hypothekenvermittlung im engeren und weiteren Sinne und durch Kreditgewährung zur Bestreitung von Hypothekenzinsen und anderer Grundstückslasten.

10. Die Geschäftsentwicklung der Gesellschaft hat die eigentliche Kreditgewährung mehr in den Vordergrund treten lassen, als wohl ursprünglich erwartet worden war. Im einzelnen berichtet der Vorstand über die Erfolge bis Anfang Mai 1915:

2 Fälle: Übernahme der gesamten Grundstücksverwaltung (Hauseigentümer im Felde, Ehefrauen geschäftsungewandt, ohne Berater),

3 Fälle: Ablehnung nachgesuchter Grundstücksverwaltung (Überschuldung),

1 Fall: Beschaffung einer I. Hypothek,

1 Fall: Aufhebung der Zwangsverwaltung eines Grundstücks,

1 Fall: Gestundung zur Bezahlung einer Kaufpreisrestforderung von 1 500 ℳ,

mehrere Fälle: Herabsetzung der Steuern und des Hypothekenzinsfußes für die Dauer des Krieges,

19 Fälle: Darlehen zwischen 200 und 1 000 ℳ mit insgesamt 10 100 ℳ,

15 Fälle: Ablehnung nachgesuchter Darlehen mit insgesamt 23 400 ℳ (außerhalb der Zweckbestimmung der Gesellschaft).

11. Satzung der Treuhandgesellschaft für Grundstücksverwaltungen mit beschränkter Haftung zu Chemnitz:

1. Die Stadtgemeinde Chemnitz, vertreten durch den Stadtrat daselbst

und

der Allgemeine Hausbesitzerverein (J. P.) zu Chemnitz gründen unter der Firma

„Treuhandgesellschaft für Grundstücksverwaltungen
mit beschränkter Haftung"

eine Gesellschaft mit beschränkter Haftung.

Der Sitz der Gesellschaft ist Chemnitz.

Die Gegenstand des Unternehmens der Gesellschaft ist der Schutz und die Förderung der Interessen der Grundbesitzer und des Grundkredits in der Stadt Chemnitz während der Dauer des Kriegszustandes.

Der Gesellschaft wird zur Erfüllung ihrer Aufgabe die Verwaltung von Grundstücken als Treuhänderin übernehmen, um unter möglichster Wahrung der Interessen der Grundbesitzer, der Mieter und der Hypothekeninhaber die Zwangsversteigerung von Grundstücken, die Kündigung von Hypotheken und die zwangsweise Leerstellung von Wohnungen hintanzuhalten.

Die Gesellschaft kann auch zur Bezahlung von Hypothekenzinsen und zur Bestreitung anderer notwendiger mit der Verwaltung des Grundstücks zusammenhängender Ausgaben Kredit gewähren.

Die Gesellschaft darf höheren Gewinn als 4 % jährlich auf das eingezahlte Kapital nicht auszahlen; aller sonst erzielte Gewinn ist nach beendeter Liquidation zu einem dem Gemeinwohl dienenden Zweck zu verwenden.

Die Dauer der Gesellschaft ist auf eine gewisse Zeit nicht beschränkt; die Gesellschaft soll aber nach Erfüllung ihrer Aufgabe, die mit Beendigung des Kriegszustandes sich erledigt, in Liquidation treten.

2. Das Stammkapital der Gesellschaft beträgt 25 000 ℳ. Davon übernimmt die Stadtgemeinde 15 000 ℳ, der Hausbesitzerverein 10 000 ℳ als Stammeinlage.

Die Stammeinlagen sind in bar zu leisten.

3. Es werden als Geschäftsführer bestellt:

1. Herr Stadtrat ....
2. Herr Stadtrat ....
3. Herr Stadtverordneter ....

Die Gesellschaft wird rechtsgültig vertreten durch je zwei Geschäftsführer oder durch einen Geschäftsführer und einen Prokuristen der Gesellschaft.

4. Es wird ein Aufsichtsrat bestellt. Der Aufsichtsrat besteht aus 10 Personen. Zu Mitgliedern des Aufsichtsrats werden gewählt:

1. Herr Bürgermeister ....
2. Herr Stadtrat ....
3. Herr Stadtrat ....
4. Herr Stadtverordnetenvorsteher ....

5. Herr II. Stadtverordnetenvorsteher ....
6. Herr Stadtverordneter ....
7. Herr Rechtsanwalt ....
8. Herr Stadtverordneter ....
9. Herr Stadtverordneter .... (Bevollmächtigter des Hausbesitzervereins)
10. Herr Stadtverordneter ....

Hören die unter 1 bis 6 genannten Personen auf, Mitglieder des Rates oder der Stadtverordnetenversammlung zu Chemnitz zu sein, so scheiden sie damit aus dem Aufsichtsrat aus.

Das Gleiche gilt für die unter 7 bis 10 genannten Personen für den Fall, daß sie aufhören, Mitglieder des Vorstandes des Hausbesitzervereins zu sein. Abgesehen hiervon werden die Mitglieder des Aufsichtsrates für die ganze Dauer der Gesellschaft bestellt. Für ausscheidende Mitglieder des Aufsichtsrates wählt der Aufsichtsrat selbst den Ersatz aus der Mitte der Körperschaft, der der Ausscheidende angehört hat.

5. Die Geschäftsführer und die Mitglieder des Aufsichtsrates beziehen für ihre Tätigkeit keinerlei Vergütung. Sie erhalten aber bare Auslagen erstattet. Ihre Haftung beschränkt sich auf Vorsatz und grobe Fahrlässigkeit.

6. Die Abtretung der Geschäftsanteile ist von der Genehmigung der Gesellschaft abhängig.

7. Die Beschlußfassung des Aufsichtsrates unterliegen:

a) die Aufstellung von allgemeinen Anweisungen für die Geschäftsführer,
b) die Einforderung von Einzahlungen durch die Stammeinlagen,
c) die Genehmigung von Abtretung von Stammanteilen und von Teilen von solchen,
d) die Maßregeln zur Prüfung und Überwachung der Geschäftsführung,
e) die Wahl von weiteren Geschäftsführern und die Bestellung von Prokuristen wie von Handlungsbevollmächtigten zum gesamten Geschäftsbetrieb,
f) die Gewährung von Kredit, soweit hierbei ein Betrag von mehr als 300 M in Frage kommt,
g) der Erwerb oder die Veräußerung von Grundstücken oder Rechten an Grundstücken.

Der Aufsichtsrat wird von den Geschäftsführern unter Mitteilung der Tagesordnung berufen, so oft dies erforderlich erscheint.

Der Aufsichtsrat ist zu berufen, sobald zwei Mitglieder des Aufsichtsrates die Berufung unter Angabe von Gründen verlangen.

8. Die vom Gesetz vorgeschriebenen Bekanntmachungen der Gesellschaft erfolgen außer im Reichsanzeiger durch das jeweilige Amtsblatt des Rates der Stadt Chemnitz.

Chemnitz, den 27. November 1914.

C. Rückblick und Ausblick.

Ein Rückblick auf die dargelegten Tatsachenreihen läßt erkennen, wie außerordentlich mannigfache Formen die Kriegshilfe der deutschen Großstädte im Bodenkredit angenommen hat. Die jeweils recht verschiedene Struktur des lokalen Hypothekenmarktes, die schon in früheren Jahren die unterschiedsreichen Formen der städtischen Hypothekenanstalten gezeitigt hatte, kommt auch in den Kriegsorganisationen des Bodenkredits zum Ausdruck.

Offenbar hat sich auch hier die gemischt-wirtschaftliche Unternehmung, deren Benutzung von vornherein nahe lag, bewährt. Dabei muß allerdings hervorgehoben werden, daß die gemischt-wirtschaftlichen Kriegshilfe-Unternehmungen das gemeindliche Element in Organisation, Verwaltung, Finanzierung besonders in den Vordergrund treten lassen, denn es ergibt sich im einzelnen:

bei der Berliner Gründung:
600 000 : 400 000 *M* Aktienkapital — (Stadt: Privat),
2 : 1 Vorstand — (Stadt: Privat),
7 : 4 Aufsichtsrat — (Stadt: Privat);

bei der Dresdner Gründung:
782 000 : 250 000 *M* Aktienkapital — (Stadt: Privat);

bei der Chemnitzer Gründung:
15 000 : 10 000 *M* Stammkapital — (Stadt: Privat),
2 : 1 (3: 0) Vorstand — (Stadt: Privat),
6 : 4 (9: 1) Aufsichtsrat — (Stadt: Privat).

Der naheliegende Vergleich zwischen Geschäftsorganisation und geschäftlichen Erfolgen der einzelnen Gründungen, insbesondere derjenigen von Berlin/Hamburg/Lübeck muß zu einer Befürwortung möglichst weitmaschiger Kreditvorschriften führen. Es sollten nicht von vornherein dem Geschäftsverkehr allzu enge zahlenmäßige Fesseln gelegt werden; sie führen leicht zu schematischer Behandlung der Kreditfälle und schädigen immer auch kreditwürdige Elemente, denen bei etwas mehr dehnbarer Geschäftsorganisation vielleicht noch geholfen werden könnte. Den Vorzug verdient in dieser Beziehung gewiß der Hamburger

Weg, der einer entsprechend befähigten Geschäftsleitung offenbar weitgehendste Einzelvollmachten — ohne diese ist eben ein wirklich zweckerfüllendes Kriegskreditgeschäft nicht denkbar — zubilligt.

Die Hamburgische Beleihungskasse scheint auch die einzige Kriegsorganisation zu sein, welche neben der eigentlichen Beleihung von Hypothekenposten auch selbst Hypothekengläubiger-Funktionen durch direkte Darlehnsgewährung an den notleidenden Grundstückseigentümer — allerdings ausnahmslos kurzfristig, für wenige Monate, unter eventueller Zubilligung von Prolongationen — in größerem Umfange zu übernehmen wagt.*) Diese aushilfsweise kurzfristige Kredithilfe ist namentlich für den zweitstelligen Darlehnszweig schon vor Kriegsausbruch den städtischen Hypothekenanstalten überhaupt als dankbares Arbeitsfeld zugewiesen worden, u. a. auch von jenen Bodenkreditpolitikern, die an sich den städtischen und großstädtischen Hypothekenanstalten weitgehendere Funktionen im Bodenkredit nicht ohne weiteres zuerkennen wollen. Diese aushilfsweise Kredithilfe wird — in etwas erweiterter Form — offenbar auch in Frankfurt a. M. mit Erfolg geübt, denn das dortige Städtische Hypothekenamt berichtet, daß es nach Einstellung seiner regelmäßigen Tätigkeit mit Kriegsausbruch sogenannte kurzfristige, höchstens 2 Jahre laufende Kriegshypotheken in solchen Fällen gewährt, in denen besondere, durch den Krieg begründete Dringlichkeit vorliegt. Daß eine solche aushilfsweise kurzfristige direkte Kredithilfe keineswegs — wie hier und da skeptisch behauptet wurde — zusammen fallen muß mit einer allmählichen Überführung aller notleidenden II. und III. Hypotheken in den Besitz einer öffentlichen Hilfsstelle und mit der verhängnisvollen Sättigung dieser Stelle, wird durch den Bericht der Hamburgischen Kasse einwandsfrei erwiesen. In den oben (S. 32) mitgeteilten Daten über die Geschäftsergebnisse dieser Kasse sind ohne

*) In bedeutend engerem Rahmen weist die Städtische Kriegsdarlehnskasse zu Berlin-Lichtenberg für 27. V. 15 nach: 10 Darlehen über zusammen 21 950 ℳ gegen unmittelbare hypothekarische Eintragung.

Zweifel direkte Darlehnsposten an Grundstückseigentümer stark vertreten, und trotzdem werden für das Verhältnis (Auszahlung) : (Rückzahlung) die Größen 3 : 1 erreicht. Diese Daten nach neun Kriegsmonaten sollten zu weiteren Versuchen in der aushilfsweisen kurzfristigen (1, 2, 3 monatigen, nicht 2 jährigen) direkten Kriegskredithilfe ermutigen. Ihr Ausbau für die Kriegszeit und die ersten Stürme nach der Kriegszeit — etwa durch eine gemischt-wirtschaftliche Unternehmung — würde die Mühe lohnen und auch anderwärts jene reiche Sanierungsarbeit ermöglichen, die sich so unauffällig und dem Sachkenner doch so eindringlich in den Hamburgischen Rückzahlungen von 9,2 Millionen Mark kundgibt.

Druck von Otto Walter in Berlin S. 14.

Druck von Otto Walter in Berlin S 14.

MIX
Papier | Fördert gute Waldnutzung
FSC® C083411

Kolibri 360 GmbH
Ferdinand-Jühlke-Straße 7
99095 Erfurt, Deutschland
produktsicherheit@kolibri360.de